高等院校空乘专业"十二五"规划教材

民航客舱安全管理

第二版

主　编　梁秀荣

副主编　盛美兰

主　审　刘玉梅

中国民航出版社

图书在版编目（CIP）数据

民航客舱安全管理 / 梁秀荣主编. —2版. —北京：
中国民航出版社，2015.7
ISBN 978-7-5128-0129-5

Ⅰ.①民… Ⅱ.①梁… Ⅲ.①民用航空 - 旅客运输 -
安全管理 Ⅳ.① F562.6

中国版本图书馆 CIP 数据核字（2013）第 174416 号

责任编辑：刘庆胜

民航客舱安全管理

梁秀荣　主编

出版	中国民航出版社
地址	北京市朝阳区光熙门北里甲 31 号楼（100028）
排版	中国民航出版社照排室
印刷	北京华正印刷有限公司
发行	中国民航出版社（010）64297307　64290477
开本	787×1092　1/16
印张	14
字数	309 千字
版本	2011 年 8 月第 1 版　2013 年 8 月第 2 版
印次	2015 年 7 月第 5 次印刷

书号	ISBN 978-7-5128-0129-5
定价	39.00 元

"高等院校空乘专业系列教材"
编审委员会

主　　任：刘玉梅（中国民航科学技术研究院副院长、民航安全技术中心副主任、中国民航消费者事务中心主任）

副 主 任：丁国声（河北外国语职业学院院长、教授，教育部高等学校高职高专英语类专业教学指导委员会委员）

主任委员：盛美兰（原海南航空客舱与地面服务部副总经理）

王淑华（原东方航空客舱服务部副总经理）

王冬梅（原东方航空云南公司乘务培训部经理）

张　燕（南方航空培训部副总经理）

陈毅真（厦门航空配餐部总经理、原厦门航空空中乘务部总经理）

王燕晴（厦门航空空中乘务部总经理）

华　敏（民航中南地区管理局客舱安全检查员）

梁秀荣（中国航协飞行与乘务委员会高级顾问）

周为民（原中国国际航空公司乘务教员）

委　　员：李　梅　照日格图　陈久奎　郁钟铭　李松林
　　　　　李进华　刘宗瑞　刘春明　张新南　贾玉成
　　　　　王春玲　王昆欣　刘小芹　崔永兴　陈增红
　　　　　罗　华　于　静　刘　杰

"高等院校空乘专业系列教材"
编写指导委员会

修订说明

　　《民航客舱安全管理》于 2011 年 7 月出版，至今已经两年，并已印刷两次。该书是高等院校空乘专业系列教材之一，作为高校学科类教材，以国际国内航空运输安全运行的有关条例、制度、标准为教材主要内容，使学生在校期间就对民航安全的重要性有了初步的认识和了解。"保障安全、安全第一"是航空运输业永恒的主题。围绕安全有很多文件、规定、措施，并在不断更新、完善和提高。为了跟进国际国内关于航空安全运行管理的要求，本次修订对该教材进行了部分内容的更新和完善。根据民航局最新的 96 号文件，在客舱乘务员训练要求和资格方面增加了新的内容；把国际上二次成功迫降的案例"哈德逊河上的奇迹"和"冲绳那霸国际机场陆地紧急撤离"以及乘务员在特殊情况下的成功处置案例加到教材中，使该教材内容更加充实。

　　为了保证修订教材在内容、体例上更加贴近高等院校的教学需要，编委会聘请了内蒙古师范大学郝志成教授、包头师范学院原院长初志壮研究员、山东师范大学安利国教授等学者专家对修订稿教材进行了评审，在此表示诚挚的谢意。

　　《民航客舱安全管理》出版后，承蒙广大读者的关心和支持，不少教师和学生也提出了一些宝贵的意见，在此表示感谢。希望广大读者对修订后的《民航客舱安全管理》提出宝贵意见，使之不断完善，更加切合高校师生的教学需要。

《民航客舱安全管理》编写组

2013 年 6 月 8 日

序　言

　　高等院校空乘专业系列教材是依照国家教育部、财政部实施高校教学质量和教学改革工程的指导思想编写的。教高〔2007〕1号文件指出，要调动政府、学校和社会各方面的力量，来深化教学改革，提高教学质量。本系列教材是民航局直属科研单位权威专家、航空公司资深乘务专家、教员和高等院校经验丰富的教师多方力量精诚合作的结果。教材充分体现了新教改理念所要求的科学性、创新性、前瞻性、实用性。

　　科学性。空乘专业的目标是培养合格的空中乘务员，但如何培养却是仁者见仁，智者见智。我们在对航空公司进行大量调研的基础上，把乘务学生需要学习的课程分为知识、技巧、外语三大块，由此，教材分为三个序列。第一个序列为学科型，包括《中国民航发展史简明教程》、《民航乘务员基础教程》和《民航客舱安全管理》。其教学目标在于使学生掌握必要的民航知识，为其将来的空乘实际工作奠定扎实的理论基础；第二个序列为项目实践型，包括《民航客舱设备操作实务》、《民航客舱服务与管理》和《民航服务礼仪》，该序列教材以工作任务（或岗位群）为驱动，在若干个项目下面设若干个模块，由浅入深、循序渐进。若干个项目结合实践，为实现教学目标奠定了扎实的基础。第三个为外语序列，外语既属于知识学科，又属于技能训练，本教材侧重于技能训练，重点培养学生的听说能力。

　　创新性。主要体现在第二序列和第三序列教材上，这两个序列分别由资深乘务专家以空乘人员岗位要求为目标来编写，他们把自己多年的工作心得和培训心得融于教材之中，为了便于学生熟练操作运用，教学方法实事求是，大胆创新，不拘一格。教师在设计、引导、辅导、答疑中起向导作用。学生为提高能力而预习并模拟实践，充分体现以教师为主导、以学生为主体的教学理念。这些特点，为民航空乘专业教学历史上之首创。

　　前瞻性。空乘人员主要在客舱工作，而民用飞机在不断更新换代，对客舱安全管理和服务质量的要求也日益提高。本系列教材充分考虑到了空乘工作的这一特点，在内容设置里有所体现，比如在机型介绍方面，增加了对波音787、空客380机型的介绍；在客舱安全管理方面，以国际民航组织提倡的SMS为理念。

　　实用性。如前所述，本系列教材的编写是建立在对用人单位大量调研的基础上，编写的指导思想和理念，序列的划分，项目的设置，知识点的选择，教学方法的选取，都以将来岗位要求为目标，以实用为原则。

本系列教材除了具备上述特点外，在编写体例上，也满足了高等教育教材系统性、完整性、规范性的要求，在章节中设有学习目标和课后思考。教材做到了理论与实际相结合，行文通俗易懂，既便于教师教授，又便于学生学习。

此系列教材从策划到出版，历经 3 年多，其间召开了 10 多次研讨会，涉及专家学者及行业管理者数十人，北京广慧金通教育科技有限公司在其中起到非常重要的组织、协调作用；中国民航科学技术研究院、中国民航出版社、各航空公司及开设空乘专业的相关院校，在编写过程中给予了真诚无私的指导和帮助，在此，我们向以上单位表示衷心的感谢。

由于教材编写时间紧，疏漏和不足之处在所难免，谨恳请各位专家、各院校教师和同学们不吝赐教。

"高等院校空乘专业系列教材"编写指导委员会

2011 年 5 月

前　言

　　本书是"高等院校空乘专业系列教材"中的学科型教材序列之一。新中国民航从初创起就强调"安全第一"，乘务组保证客舱安全是民航安全的重要组成部分，编写一本属于空乘专业客舱安全管理的教材，使空乘专业教学越来越贴近行业的需求，填补目前这一专业教材的空白，是我们教材编辑委员会的初衷。为此，编写组查阅了大量国际安全运行规章及迄今为止依然有效并正在执行的国际公约，结合中国民航最新的CCAR-121-R4 运行规章和国内各大航空公司乘务员手册，以国际及国内安全运行规章为主导，进行详尽地诠释，使教材内容全面系统并紧紧围绕客舱安全管理主题展开。

　　作为高等院校空乘专业主干教材之一，《民航客舱安全管理》主要由民航安全管理体系概述、国际民航组织对客舱安全运行的要求、中国民航规章对客舱乘务员的要求、客舱安全运行规则、客舱乘务员安全职责、客舱安全运行程序、客舱乘客安全管理、航空器内的非法行为及处置、客舱应急处置、机上急救等十个部分组成。

　　为了使本教材既要充分体现民航客舱安全管理的依据及重要性，又要结合客舱安全管理的特点，使学生在了解掌握其安全知识的同时增加学习兴趣。编写组根据不同章节的不同内容，选编了大量的案例，使教材内容在规章、规则的基础上更加生动、易学易懂。

　　参加本教材编写的三位作者，梁秀荣、盛美兰是中国民航资深乘务专家，何秀萍是中国国际航空公司第一总队资深航医。梁秀荣主要负责本书内容结构、编写原则的确定和第一、第二、第八、第九章的撰写；盛美兰主要负责第三、第四、第五、第六、第七章的撰写及全书的统稿；何秀萍主要负责第十章的撰写。由于教材编写时间紧，疏漏和不足之处在所难免，谨恳请各位专家、各院校教师和同学们不吝赐教，我们将认真对待，及时修正。

《民航客舱安全管理》编写组

2011 年 5 月

目 录

CONTENTS

第九章　客舱应急处置

第十章　机上急救

第一章　民航安全管理体系概述

本章提示

　　民航安全是广大乘客最基本的需求，确保乘客在航空运输过程中生命财产不受损害是民航的神圣职责，也是民航业赖以生存和发展的前提及基础。通过本章节的学习，学生应了解和掌握：民航安全的重要性；国际民航安全管理体系（SMS）的定义及内容；国际民航组织对安全的要求；中国民航建立安全管理体系的要求和民航安全管理体系（SMS）的内容。

第一节　民航安全的重要性

一、民航安全是航空运输业的首要任务

　　从飞行初期开始，民航业内人士就特别关注飞行安全工作。通过应用规范的、最好的安全管理措施，大大降低了航空事件发生的频率和严重程度。近百年来，安全始终是民航业的首要问题，全球航空界经过长期不懈的努力，在保证安全方面取得了令人瞩目的成就。但随着现代民航业以资本密集、技术密集和高风险为标志的高度规模化发展，航空运输的特殊性对安全提出了更高、更严的要求。从世界范围看，各国无不高度重视航空安全。尤其是美国"9·11"事件发生后，全方位的航空安全更是被提到国家安全

的战略高度。

二、国际民航组织将安全作为各国首要战略目标

2001 年 11 月，国际民航组织（International Civil Aviation Organization，以下简称 ICAO）建议各国建立安全管理体系（Safety Management System，以下简称 SMS），ICAO 理事会于 2004 年 12 月 17 日召开的第 173 届会议批准了《ICAO 2005 年至 2010 年的战略目标》，其中，安全为首要战略目标，并在安全战略目标中提出"支持各国在所有与安全相关的领域实施 SMS"，编写并颁布《ICAO SMS 手册》就是安全战略目标中的其中一项。在此基础上，ICAO 制定了一项全面的后续计划来推动 SMS，协助各国协调一致地实施《ICAO SMS 手册》中有关安全管理的规定。ICAO 在提出各国应建立 SMS 的建议后，得到了许多国家的积极响应，各国民航当局也相继发布了有关的 SMS 及其指导材料。

第二节　国际民航组织安全管理体系（SMS）介绍

一、安全管理体系（SMS）的定义

安全是一种确保人员和财产不受损害的状态。随着生产力的发展，人类对安全的认识也在不断提升。

民航安全概念可能有不同的含义，国际民航组织列举很多，例如：

（1）零事故（或严重事故征候），这是乘机旅行者普遍持有的一种观点；

（2）员工对待不安全行为或状况的态度（反映企业的"安全"文化）；

（3）航空业对风险的"可接受"程度；

（4）事故损失（人员伤亡和财产损失以及对环境的损害）的控制。

安全是一种状态，即通过持续的隐患识别和风险管理，将人员伤害或财产损失的风险降低，并保持在可接受水平或以下的状态。

安全是个相对的概念，安全是风险管理，是风险可接受（可允许）的一种状态。

按《ICAO SMS 手册》（Doc 9859 AN/460）对安全的定义，安全具有以下含义：安全是一种状态，即通过持续的危险识别和风险管理过程，将人员伤害或财产损失的风险降至并保持在可接受的水平或降到最低。

ICAO 对安全管理体系（Safety Management System，SMS）的定义：安全管理体系

是有组织的管理安全的方法，包括必要的组织结构、问责办法、政策和程序。

中国民航将安全管理体系概括为：安全管理体系（SMS）是一个系统的、清晰的和全面的安全风险管理方法，它综合了运行、技术系统、财务和人力资源管理，融入公司的整个组织机构和管理活动中，包括目标设定、计划和绩效评估等，最终实现安全运行和符合局方的规章要求。

二、安全管理体系（SMS）的内容

SMS 的内容各国略有不同，通常情况下，一个组织可以通过选择多种方法来实现安全管理的需要，但是绝对不存在某一个适合于所有组织的简单模型，组织应根据自己的规模、复杂度、运行方式、安全文化、运行环节等情况来决定自己的安全管理结构、安全工作思路和方法。

通过对 ICAO 和英、美、欧洲航行安全局等国家或组织的 SMS 内容的归纳了解，SMS 的主要内容包括：安全管理的政策和策略、安全目标、安全管理的组织结构与职责分配、风险管理、安全评估、安全监督、安全培训与教育、运行日常监督检查、事件调查、安全信息报告与管理和安全文化建设等。

国际民航组织关于 SMS 的理念：SMS 是一种有组织、有责任、有资源的，有计划、目标、有措施并可行的，有实施进程、可调整变化的安全管理体系。具体目标是：提高对安全的主客观认识、促进安全基础设施的标准化建设、提高危险分析和评估能力、加强事故防范和补救行动、维护或增加安全有效性、持续对内部进行事故征候监控，以及通过审计对所有不符合标准的方面进行纠正，对由审计形成的报告实施共享。SMS 承担安全战略制定与实施、审计制度的建立和应用等职责，是实现安全目标管理、安全监督审计和检查纠错的指南。

实际上 SMS 不是一个安全部门的另一种变相叫法，SMS 是一个安全基础运行系统，要结合航空运输企业、员工和管理人员的共同努力来完成。

在所有的航空活动中，安全都是第一位的。《国际民用航空公约》（Doc 7300 号文件）（通称为《芝加哥公约》）第四十四条阐述的国际民航组织的宗旨和目标便反映了这一点；该公约责成国际民航组织确保世界范围内国际民航安全、有序地发展。

国际民航组织为实施标准和建议措施提供专门的指导材料，包括有关安全管理的《国际民航组织安全管理体系手册》。该手册包括管理安全和建立安全管理体系的基本概念以及一些用于实现国家安全方案目标的系统过程和措施。可接受的安全水平在任何系统中都必须设定和测量绩效成果，以便确定系统是否依照预期运转，确定是否可能需要采取行动以提高绩效水平达到这些预期。

三、国际民航组织的安全指标和目标

国际民航组织的安全指标和安全目标可能是不同的（例如，安全指标是：对于航空公司经营人，每 100000 小时发生致命事故的次数为 0.5 次；安全目标是：对于航空公司经营人，每 100000 小时发生致命事故的次数不多于 0.5 次），为安全方案确定可接受的安全水平并不能取代法律要求、管理要求或其他既定的要求，也不能免除各国根据《国际民用航空公约》及其相关规定须履行的义务。

第三节　中国民航安全管理体系（SMS）介绍

一、中国民航安全管理体系规划

2006 年 3 月，国际民航组织理事会通过了对《国际民用航空公约附件 6——航空器的运行》的第 30 次修订。该次修订增加了国家对航空运营人实施安全管理体系的要求，并规定从 2009 年 1 月 1 日起，各缔约国应要求其航空运营人实施被局方接受的安全管理体系。

中国民航总局对全行业的安全管理体系工作进行了规划，明确要求全民航建立符合国际民航组织要求的 SMS，并于 2007 年下发了《关于中国民航实施安全管理体系（SMS）建设的通知》和《中国民用航空安全管理体系（SMS）建设总体实施方案》。按照《中国民用航空安全管理体系（SMS）建设总体实施方案》要求，2011 年 1 月 1 日前，全民航建立符合国际民航组织要求的安全管理体系（简称 SMS）。

二、中国民航安全管理体系目标

中国民航对安全管理体系 SMS（Safety Management System）的定义：安全管理体系是指建立安全政策和安全目标，通过对组织内部组织结构、责任制度、资源、过程、程序等相互关联或相互作用的一系列要素进行系统性管理，实现安全目标的管理体系。

在《中国民用航空安全管理体系（SMS）建设总体实施方案》中，明确提出了中国民航安全管理体系的要求。该要求包括管理承诺与策划，风险管理，安全信息，实施与控制，监督、测评与改进等五个部分共十八个要素。

管理承诺与策划部分包括安全政策与策划、组织与职责权限、安全策划、规章符合

性四个要素。

风险管理部分包括危险源辨识、风险评价与风险缓解、内部时间调查三个要素。

安全信息部分包括信息管理和安全报告系统两个要素。

实施与控制部分包括资源管理、能力和培训、应急响应、文件管理、安全宣传与教育五个要素。

监督、测评与改进部分包括安全监督、安全绩效监控、纠正措施程序、管理评审四个要素。

安全目标是安全政策的具体化，安全指标则是对安全目标的进一步量化，安全管理方案是为保证安全目标、指标的实现，对所采取的措施、有关部门的职责以及实施方法和时间做出的明确规定。这个拟定安全目标和指标，形成安全管理方案的过程就是 SMS 策划工作的核心内容。

回顾我国民航的安全发展，从 2004 年 11 月 21 日至 2009 年 9 月底，我国民航创造了连续安全飞行 57 个月、1700 万小时的历史最好安全纪录。1998—2007 年，我国民航运输每百万飞行小时重大事故率是 0.23，而同期世界平均水平为 0.33。"十一五"期间，民航运输飞行累计达 2036 万小时、976 万架次，分别比"十五"期间增加 95%、81%，但两项重要安全指标均好于世界平均水平，其中，百万架次重大事故率为 0.1%（世界平均水平约为 0.5%），约为世界平均水平的五分之一；亿客公里死亡人数〔事故死亡人数/（乘客人数×运输距离）×1 亿〕为 0.003，约为世界平均水平的三分之一，创造了历史最好安全纪录。

思 考 题

1. 概述 ICAO 安全管理的定义和内容。
2. 熟悉中国民航安全管理体系的五个部分。
3. 如何理解民航安全的重要性？

第二章　国际民航组织对客舱安全运行的要求

本章提示

民航安全是个庞大繁杂的系统，这个系统由许多子系统组成，而子系统又由许多细节、过程构成。安全工作必须重视任何一个细节、任何一个过程。只有从每一个细节、每一个过程做起，确保细节安全、过程安全，最后才能确保系统安全。客舱安全是民航安全的重要环节和工作过程，也是法律赋予乘务员的最高职责。本章主要阐述了国际民航组织机构及国内航空安全法规对客舱安全管理的重要性并明确了客舱乘务员的安全职责。学生通过学习可以加深对客舱安全管理重要性的认识和理解。

第一节　国际民航组织对客舱安全的有关规定

一、客舱安全的目的

《国际民航组织安全管理手册》第 16 章"航空器的运行"中指出：客舱安全的目的是将航空器乘员的风险减少到最低程度。通过减少或者消除可能造成伤害或损害的危险，客舱安全把重点放在了为航空器乘员提供一个更安全的环境上。航空器乘员包括机组成员及所有在客舱中的乘客。

二、客舱乘务员/组

作为乘务员，所肩负的首要职责是客舱内部的安全。1999 年，术语"客舱乘务员"改为"客舱乘务组"，航空业内有时也使用"飞行乘务员"，就是从"Cabin Attendant"到"Cabin Crew"，再到"Security Personnel"，称呼上的变化可以看出国际民航组织对客舱乘务员的职责有了更加明确的定位。客舱乘务员是以客舱安全管理为基础职责，而对乘客的安全管理是其中的重要环节，也是航空安全的重要组成部分和重要保障。

《国际民航组织安全管理手册》第 16 章"航空器的运行"中指出：客舱乘务组一般是乘客在航空器上唯一能看到的公司代表。从乘客的角度来看，客舱乘务组是在为乘客提供空中服务。从高层管理者的角度来看，客舱乘务员可能需要做更多的工作去建立良好的公司形象。从管理和运行的角度来看，客舱乘务组在机上管理客舱可能出现的不利情况以及在紧急情况下向乘客提供指导和帮助。

对航空器及其乘员的威胁范围包括：

（1）飞行中遭遇湍流；

（2）客舱冒烟或起火；

（3）客舱失压；

（4）紧急迫降；

（5）紧急撤离；

（6）不守规的乘客。

客舱乘务组的工作环境和工作条件受到多种多样人的行为能力问题的影响，这些问题会影响到客舱乘务组如何对威胁、差错及其他不良情况作出反应。

在发生重大的航空事故后，调查的注意力在初始阶段可能集中在飞行运行上。然后在证据的引导下，调查会扩展到其他问题。一个事故的触发事件很少发生在客舱。但是，客舱乘务组对发生在客舱中的事件作出不适当的处置可能会导致更加严重的后果。例如：

（1）乘客装载不正确（例如重量和平衡考虑因素）；

（2）在起飞、着陆和湍流中没有固定好客舱和厨房设备；

（3）对警告的反应迟钝（例如飞行中湍流警告）；

（4）对发生在客舱中的事件（例如电路短路、出现烟雾或烘箱起火）反应失当；

（5）没有向飞行机组报告观察到的重要情况（例如液体渗漏、机翼被雪或冰沾污）。

因为客舱乘务员的工作主要集中在客舱服务上，所以要努力确保提供客舱服务时不会影响他们完成保证乘客安全的主要任务。客舱乘务组的培训和操作程序必须涉及可能产生安全后果的所有问题。

三、国际民航组织对客舱乘务员安全职责的规定

（1）紧急任务的分配；

（2）紧急撤离时的职责；

（3）应急设备的使用；

（4）飞行和值班时间的限制；

（5）应急处置培训。

第二节　客舱安全文化

安全文化是企业在长期生产和实践中形成的或是人为塑造的被广大员工接受的安全价值观、信念、传统、风气、行为准则的复合体，关系企业发展、关系职工利益及生命健康，其重要地位决定了安全文化必然应当渗透到企业的方方面面，是企业文化的重要组成部分。安全文化能够对组织规章、手册和程序不能详细、具体覆盖的地方起到至关重要的作用。积极的安全文化是安全管理得以运行的根基和土壤，是建立和维护安全机制的动力。

客舱乘务组创建积极的安全文化要从部门的组织安排开始。如果像很多航空公司那样，客舱乘务组接到的主要指令是来自市场部门，而不是飞行运行部门，那么客舱乘务组的注意力很可能不会放在客舱安全上。促进积极的安全文化的其他因素包括：

（1）飞行机组与客舱乘务组之间的关系

①以互相尊重和理解为标志的合作精神；

②飞行机组和客舱乘务组之间的有效沟通；

③定期审查标准操作程序，以确保驾驶舱和客舱程序的协调性；

④在飞行前，向飞行机组和客舱乘务组一起下达简令；

⑤在发生与安全相关的事件后一起汇报情况等。

（2）客舱乘务组参与安全管理

①安全经理介入客舱安全问题；

②提供客舱安全专门技术和建议的途径（如建立安全委员会会议等）；

③参与制定影响客舱安全的政策、目标和标准操作程序；

④参与公司的事故征候报告系统建设等。

客舱乘务组通过参与公司对安全管理的相关活动，不仅能够了解安全管理的体系、程序、操作标准，还能参与安全管理工作，比如积极反馈问题、提出合理建议，促进良好的客舱安全文化氛围的形成。

案　例

哈德逊河上的奇迹

1. 飞机迫降的过程

2009 年 1 月 15 日，美国东部时间下午 3 时 30 分左右，美国全美航空公司一架空中客车 320 客机在起飞后不久由于受到鸟击，导致两个引擎都出了故障，幸运的是由于机长处置得当，将飞机安全迫降在哈德逊河中，警方和救援人员抢救及时，机上 146 名乘客和 5 名机组人员全部获救，奇迹般地创造了水上迫降记录。

这次成功的迫降、撤离与机组的优秀表现密不可分。机长切斯利·舒伦伯格的飞行时间已近 40 年，曾在美国空军服役 29 年，是美国空军飞行员和教官，驾驶过 F-4 战斗机。他还是一个飞行安全咨询机构的负责人，也是 glider pilot（滑翔机教练）。他熟悉在无动力情况下驾驶飞机迫降的技巧。副驾驶也是一个经验非常丰富的驾驶员，他本人也曾担任机长，累计飞行超过 15000 小时。这两名驾驶员在全美航空公司等处的总计驾驶经历超过 60 年。

机舱内的疏散工作是由机上乘务员组织的。他们中资历最轻的为 21 年，最长有 38 年，均是经验丰富的老乘务员。事件发生时舱内乘务员的配置情况是：两名乘务员的乘坐位置是客舱前部，一名乘务员在客舱尾部。

飞机起飞后，高度 3000 英尺，航速 250 英里/小时，发生鸟击。双发关车，失去动力。

· 当时副驾驶操控飞机，机长指令：My aircraft！副驾驶复诵命令：Your aircraft，移交控制权给机长。

· 机长降低机头高度，然后要求副驾驶打开重启发动机标准程序的飞行检查单；高度不足 15000 英尺，无法爬升，没有时间重启发动机。

· 液压系统损坏，襟翼不能放出。机长启动 ram air turbine（冲压空气涡轮，机腹下一个很小的风力发电机）用电力放下襟翼，联系塔台，告知将飘降前方的哈德逊河。

· 接水前，机长发布迫降指令"brace"，准备迎接撞击。

· 接水飞机停稳后，执行撤离程序，12 分钟撤离飞机。机长最后一个下飞机。

全体机组成员以极其专业的方式，将乘客全部疏散。

一位乘客这样描述当时的情景：

飞机坠河后，乘客们都十分镇静，乘务员让妇女和儿童先行，迅速地从机舱内撤离。

事发不到 3 分钟，警车和消防车迅速赶到了现场，10 分钟内，警方封锁了现场。全程不超过 16 分钟，机上人员全部获救。见图 2.1。

图 2.1　飞机迫降在哈德逊河上

2. 迫降成功给我们的反思

美国东部时间 1 月 15 日下午，美国全美航空公司空中客车 320 客机奇迹般迫降在纽约哈德逊河河面上，150 多名乘客、机组人员无一遇难，堪称奇迹。这种奇迹，并不是在偶然中创造的。

飞行员切斯利·舒伦伯格凭着过硬的驾驶技术和心理素质，硬是把刚起飞 3 分钟的宽体客机平稳迫降在狭窄水面上，创造了迫降的"奇迹"。他更是凭着高尚的职业素质和责任心，在受伤之际，仍从容地两次巡视机舱，最后一个撤退。

飞机紧急迫降，损伤难免，在水中漂浮难以持久，时间就是生命。飞机的平衡关乎人命，机舱内任何异动都可能导致飞机倾覆、沉没。因此，机上乘客的秩序与纪律则成为了创造"奇迹"的重要因素。飞机迫降，惊魂未定，四周河水一片汪洋，脚下飞机随时沉没，在此情形下，趋利避害，畏死求生，是人之本能。然而，秩序与纪律的国民素质，使原本素不相识的乘客，却能服从机组引导，先妇孺、后男子，有序撤离。正是这种不争不抢的从容，为创造"全体生还"提供了"素质"保障。

在"哈德逊河上的奇迹"中，我们读到了飞行员的个人素质，也读到了航班机组及全体乘客的集体素质。"哈德逊河上的奇迹"之所以能在"意外"中创造，应归功于美国长效化、制度化、经常化的防灾训练和演习。

行为形成一种习惯，习惯造就一种性格，性格决定一种人生。因此说，"哈德逊河上的奇迹"不是偶然创造的。倡导忠于职守、乐于公益、妇孺先行的理念，是如此坚定不移，潜移默化，才让我们看到了"哈德逊河上的奇迹"。通过比较视野去解读"哈德逊河上的奇迹"，显得更具有重要性、紧迫性、现实性的意义。

思 考 题

1. 如何理解客舱安全是乘务员的首要职责？
2. 对航空器及其乘员的威胁范围包括哪些方面？
3. 国际民航组织对客舱乘务员安全职责的规定有哪些？
4. 案例"哈德逊河上的奇迹"给我们哪些启示？

第三章 中国民航规章对客舱乘务员的要求

本章提示

根据《大型飞机公共航空运输承运人运行合格审定规则》（CCAR-121-R4），对客舱乘务员的资格、培训、飞行时间、客舱安全运行管理等都作了明确规定。

客舱乘务员的工作与其他任何岗位工作最大区别是工作环境在万米高空。无论从职业特点，还是特殊的工作环境，都有其特殊的规定和要求。通过本章节的学习，学生可以了解严格的乘务员资格要求、特殊的培训项目以及工作时间的限制等等，而各类培训的目的都是为了更有效地实施客舱安全管理。

第一节 客舱乘务员资格要求

客舱乘务员需要学习民用航空法规、机型设备、客舱服务技能、应急生存训练、航空安全管理以及各航空公司相关的运行规定及管理章程，经考核合格并取得客舱乘务员训练资格证才能担任客舱乘务员工作。

客舱乘务员在执行航班任务时必须持有局方颁发的相应的现行有效的航空人员执照和证件：中国民航空勤登机证、客舱乘务员训练合格证、航空人员体检合格证。三种证件只能本人使用，不得转借他人，要妥善保管证件，如有丢失任何一个证件都不能参加飞行，并及时报告所在单位。

在执行航班任务时，必须按照要求携带现行有效的三种证件，并在局方检查时主动出示证件。

案 例

一个想免费坐飞机的人

某航空公司一位乘务员（甲）接到一个电话。

对方说："我是你的老朋友×××，想起来了吗?"

这位乘务员开始在记忆中搜索这个自称为自己老朋友的人的模样。

"噢，想起来了，你是×××，有事吗?"

对方说："我想去一趟×××，把你的登机证借我用用吧。"

乘务员甲想了想回答："这几天刚好有航班，不能借。"

对方说："能不能借别人的用用，谁和你关系不错，近几天没有航班任务的乘务员。"

乘务员甲回答："我帮你找找看。"

于是，乘务员甲找到了一个正好在休假的乘务员（乙），告诉他有个哥们想借登机证用用。乘务员乙痛快地答应了，并把登机证借给了乘务员甲。

于是，这位借到登机证的朋友，过了机场安检，大摇大摆地上了一家航空公司的飞机。在飞机上，这位朋友按捺不住兴奋的情绪，老想和乘务员聊天，找飞行员聊天。机组成员感觉可疑，在空中就与他自称是哪家航空公司飞行员的有关部门联系，请其查证有无叫×××的民航飞行学院第几批毕业的飞行员。地面通过了解回复没有这个人。机组成员就通知乘务组对这个"假机组人员"进行监控，并且把情况通报给到达站机场公安。

飞机落地后，就在这位朋友得意自己没有买票就回家的时候，公安人员迅速上机将他带走。

经过审问得知，这个自认为聪明的朋友自己找了一套飞行员制服和一个飞行箱，借了别人的登机证蒙混过关上了飞机，其目的只是想不买飞机票坐飞机回家。

乘务员甲和乘务员乙因为"好心"借给别人登机证而被航空公司辞退。

第二节 客舱乘务员训练要求

中国民航为了在全行业内对服务于公共航空运输飞机上的客舱乘务员实行统一资格管理，规定民航各地区管理局对客舱乘务员资格管理从颁发执照或上岗证的方法统一为颁发训练合格证。客舱乘务员的训练要求与资格保持必须根据 CCAR-121 部要求，按照运行合格审定局方批准的客舱乘务员训练大纲进行，只有满足了训练大纲规定的客舱乘务员训练课程并带飞检查合格后，才能有资格领取客舱乘务员训练合格证。

一、客舱乘务员训练

1. 新雇员初始训练（IT——Initial Training）

新雇员初始训练是指航空公司新雇用的人员，或已经雇用但没有在乘务员工作岗位上工作过的人员，在进入乘务员岗位之前需进行的训练。新雇员初始训练包括专业基础理论训练、针对特定机型和岗位的训练、应急情况下的撤离及处置训练、客舱灭火训练等等。

2. 转机型训练（TT——Transition Training）

在职乘务员如果要在没有飞过的飞机上工作，首先要参加并圆满完成新机型的相关训练。如航空公司的乘务员原来在波音 737 型飞机上工作，公司引进了波音 777 型飞机，虽然都是波音飞机，但差别很大，乘务员必须经过新机型训练并成绩合格后才能有资格执行波音 777 型飞机的航班任务。

3. 差异训练（DT——Differential Training）

乘务员如果需要在与原来机型有差异的飞机上飞行，应当完成差异训练。如航空公司原有机型是空客 319 型飞机，后来引进了空客 330 型飞机，由于两种机型在客舱布局和服务设施设备方面有差异，乘务员必须经过差异训练才能执行新机型的航班任务。

4. 定期复训应急生存训练（RT——Recurrent Training）

为了保证乘务员在所服务的各型别飞机和工作位置上获得充分的训练并保持近期熟练水平，应当在前 12 个日历月内完成定期的复训和资格检查。如乘务员上次训练的时间是在 2010 年 3 月 30 日，则应当在 2011 年 3 月 30 前完成复训并成绩合格。

每 24 个日历月为一周期安排一次机组联合应急生存训练。所有获得相应机型资格的乘务员必须通过规定的地面训练及测试。

每 24 个日历月进行一次紧急医学事件处置训练。包括心肺复苏术和隔离消毒等知识和操作；机载应急医疗设备的位置；药箱医疗用品和药品、防疫物品的功能、使用方法、应用范围以及基本操作技能等。

5. 重新获得资格训练（RQT——Requalification Training）

是指已经训练过并取得资格的客舱乘务员未执行客舱乘务员岗位职责连续 12 个月（含）以上或未按规定期限完成定期复训或因故失去资格的客舱乘务员，为恢复资格需要进行的训练。一是根据不合格的类别选择等级训练课程内容；二是根据机型安排应急设备训练、紧急情况训练和应急演练。

6. 危险品运输训练（DGTT——Dangerous Goods Transport Training）

所有乘务员必须经过危险品运输培训并成绩合格后才具有飞行资格，这类培训周期为 2 年一次，24 个月内有效。

7. 特殊航线运输训练（SCOT——Special Route Operation Training）

此类训练类别适用于乘务员需完成某类特定训练课程时进行的训练，如拉萨是高原机场，执行拉萨航班的乘务员必须经过高原航线飞行的相关训练。

二、乘务员训练必须具备的条件

（1）要有符合局方要求并经过局方审批的《客舱乘务员训练大纲》，具有足够的地面训练设施、教材和具有相应资格并获局方认可的乘务培训教员。

（2）客舱乘务员按规定完成训练，完成理论和实操课程，经考核合格后颁发乘务初始新雇员训练证书。完成初始新雇员训练科目中的地面培训和每类机型完成 50 至 80 小时的航线实习带飞训练后，在航线飞行上进行放单飞资格检查，须在局方认可资格的客舱乘务检查员的监督下，履行规定的职责至少达 5 小时。客舱乘务检查员亲自观察其履行职责的完成情况，检查合格后在客舱乘务员训练合格证的记录页上签字。

三、航空安全员训练

航空安全员必须按照民航局批准的培训大纲经过专业训练合格，并取得航空安全员执照，该资格训练必须在上岗前完成。训练项目主要包括航空安全法规、专业理论、专业技能、体能训练、实弹射击等。训练考核合格后转为见习航空安全员。

航空安全员的复训主要是指从事航空安全员职业人员的定期脱产训练，航空安全员必须每两年脱产复训一次，时间规定不得少于 20 天。训练成绩不合格或不按规定参加复训的人员不再发给航空安全员执照。

航空安全员的日常训练由航空安全员所在单位或保卫部门组织实施，训练项目主要有空防专业知识、个人体能、专业技能等，时间规定为每月不得少于 12 小时。

航空安全员必须每年进行一次业务考核，对考核不合格的由民航局收回其航空安全员执照。

四、机组成员的应急生存训练

机组成员（包括客舱乘务员）应当针对所飞飞机的型别、布局及所实施的每种运行，完成规定的应急生存训练。

1. 应急生存训练应当包括的内容

（1）讲解应急工作的任务分派和程序，包括机组成员之间的协调配合。

（2）讲解应急设备的所在位置、功能和使用方法。应急设备包括：用于水上迫降和撤离的设备，如救生船、救生衣；急救设备，如氧气瓶、急救药箱；不同类型的灭火瓶；应急出口处的撤离滑梯或者滑梯救生筏。

（3）讲解紧急情况的处理，包括下列内容：客舱紧急释压的现象及处置；空中或者地面的失火和烟雾控制程序，重点是找到客舱区域（包括所有厨房、服务舱、升降机、盥洗室和放置电影屏幕处）内的电气设备和相关的断路器；水上迫降或者其他形式的撤离，包括在紧急情况下帮助撤离伤残人员；乘客或者机组人员生病、受伤等非正常情况的处置，包括熟悉应急医疗箱；劫机和其他非法干扰情况的处理。

（4）回顾和讨论以前与实际紧急情况有关的飞行事故和事件，总结经验，吸取教训。

2. 每一机组成员如果是初次转入该机型，则训练时应当完成的一次性应急演练包括的内容

（1）佩戴呼吸保护装置的演练

训练人员应当佩戴该型飞机机载呼吸保护装置（或者经批准的模拟设备），使用一个适合失火类型的机载手提灭火器（或者经批准的灭火器）去扑灭实际或者模拟的失火。

（2）使用应急撤离滑梯进行撤出飞机的应急撤离演练

机组成员可以观察飞机出口在应急方式下的打开以及与之相连的出口滑梯或者滑梯救生筏被放出并充气的过程，或者亲自操作设备完成这些动作。

案 例

冲绳那霸国际机场陆地应急撤离

2007 年 8 月 20 日华航波音 737-800 型飞机执行 120 航班从桃园机场飞往冲绳那霸国际机场。飞机 9:27 停至 41 号停机坪等待摆渡车。旅客纷纷起身拿行李，机外人员通过对讲机告诉机长飞机两侧机翼起火。

· 机长立即下达应急撤离指令；

· 6 名乘务员打开 4 个机门和滑梯；

· 迅速指挥乘客撤离飞机；

· 机上 165 名乘客和机组人员在 90 秒钟内全部撤离飞机；

· 此后不到 5 秒钟飞机爆炸，燃成一片火海。

这次成功的撤离是民航事故中"奇迹"吗？事实上，这是民航业界的安全标准。现代民航对飞行安全提出很高的要求并制定了许多保障措施，除在技术、人员、程序等方面积极预防事故的发生外，还制定了一旦发生紧急情况如何最大限度地保证人员安全的具体措施，应急撤离程序就是其中之一。通常说，飞机发生事故后的 90 秒是逃生的最佳时机，也就是俗称的"黄金 90 秒"。其依据是中国民航规章《大型飞机公共航空运输承运人运行合格审定规则》。规章要求，载客飞行中所用的旅客座位数大于 44 座的飞机，能够使包括机组成员在内的满载乘员在 90 秒（含）以内撤离飞

图 3.1 冲绳那霸国际机场陆地应急撤离

机。同时，在《航空运输运行监察员手册》中也明确要求进行实际模拟演示，以证明符合要求。成功疏散惊慌失措的旅客，需要民航局、航空公司和乘客的共同努力。民航局制定严格、适度的安全法规、标准和监管机制；航空公司提供符合法规、标准要求的设备、人员和应急程序并定期演练，一旦紧急情况发生，应按照应急程序有条不紊地进行撤离。

第三节 客舱乘务员配备要求

客舱乘务员的配备要求主要为以下几条：

（1）为保证安全运行，CCAR-121-R4 要求各航空公司在所用每架载运乘客的飞机上，应当按照下列要求配备客舱乘务员：

①乘客座位数量为 20～50 的飞机，至少配备 1 名客舱乘务员；

②乘客座位数量为 51～100 的飞机，至少配备 2 名客舱乘务员；

③乘客座位数量超过 100 的飞机，在配备 2 名客舱乘务员的基础上，按照每增加 50 个乘客座位增加 1 名客舱乘务员的方法配备，不足 50 的余数部分按照 50 计算。

（2）如果在应急撤离演示中航空公司使用的客舱乘务员人数超过以上要求的标准数量，航空公司应该按照下列条件配备客舱乘务员：

①每个航班客舱乘务员人数至少等于应急撤离演示期间所用的人数；

②如果航空公司为了保证服务质量可以在规定数量基础上增加乘务员；

③正在带飞的乘务学员不能列入规定的客舱乘务员数量。

（3）在起飞和着陆过程中，客舱乘务员应当按手册的要求坐在规定的座位，以便在应急撤离时能最有效地疏散乘客。

（4）在飞机滑行期间，要求所有客舱乘务员除完成保障飞机和机上人员安全的任务外，其他时间应当坐在其值勤位置并系好安全带和肩带。

第四节 客舱乘务员的三个时间限制

为了保证乘务员的飞行时间控制在合理的范围，民航局多次进行乘务员月、年飞行时间的调整。而这样的时间调整都是经过反复论证，主要目的是不能由于乘务员的状态过度疲劳而在应急情况下无法进行及时有效的处置。客舱乘务员的三个时间限制同样在民航运行规则中有着明确要求。航空公司应当保证乘务员在执勤期间符合适用的值勤期限制、飞行时间限制和休息要求。任何违反规定的人员不得在航班运行中担任其任何的职责。

一、规定中的用语定义

经批准的睡眠区：是指经局方批准，为使机组成员获得良好睡眠而指定的场所。睡眠区可以是飞机上的机组成员休息场所，也可以是在地面安排机组休息的地方。

日历日：是指按照世界时或者当地时间划分的一个时间段，从当日零点到次日零点之间的 24 小时。

值勤期：是指机组成员在接受安排的飞行任务后，从为了完成该次任务而到指定地点报到时刻开始（不包括从居住地或者驻地到报到地点所用的时间），到解除任务时刻为止的连续时间段。在一个值勤期内，如机组成员能在有睡眠条件的场所得到休息，该休息时间可以不计入该值勤期的值勤时间。

休息期：是指从机组成员到达休息地点起，到为执行下一次任务离开休息地点为止的连续时间段，在该段时间内，航空公司不得为该人员安排任何工作和给予任何干扰。为了完成指派的飞行任务作为乘客乘坐飞机往来于驻地和值勤地点的时间不得计入休息期。

运行延误：是指由于出现恶劣的气象条件、飞机设备故障、空中交通管制不畅等客观情况而导致的延误。

机组成员的飞行时间：是指机组成员在飞机飞行期间的值勤时间，包括在座飞行时间（驾驶舱飞行经历时间）和不在座飞行时间。

二、客舱乘务员的值勤期限制和休息要求

各航空公司各种机型对乘务员数量的配备标准各不相同，但是必须符合运行合格审定时的乘务员配备数量。

当按照规定的最低数量配备客舱乘务员时，客舱乘务员的值勤期不得超过 14 小时，值勤期后应当安排至少 9 个连续小时的休息期，这一休息期应当安排在该值勤期结束时刻与下一值勤期开始时刻之间。

在规定的最低数量配备上增加客舱乘务员人数时，客舱乘务员的值勤期限制和休息要求应当符合如下规定：

增加 1 名客舱乘务员，值勤期不得超过 16 小时；增加 2 名客舱乘务员，值勤期不得超过 18 小时；增加 3 名或者 3 名以上客舱乘务员，值勤期不得超过 20 小时；

值勤期超过 14 小时时，值勤期后应当安排至少 12 个连续小时的休息期，这一休息期应当安排在该值勤期结束时刻与下一值勤期开始时刻之间。

安排客舱乘务员值勤期时，由于航班延误，所安排的飞行没有按照预计时间到达目

的地，超出了值勤期的限制时间，则不认为该客舱乘务员在排班时超出了值勤期限制，但在这种情况下，实际值勤期最多不得超过规定值勤期限制的时间 4 小时，并且按照规定后继休息期不得因此而减少。

三、客舱乘务员的周、月、年飞行时间限制

客舱乘务员的总飞行时间必须符合以下规定：在任何连续 7 个日历日内不超过 40 小时；在任一日历月内不得超过 110 小时；在任一日历年内不得超过 1200 小时。

客舱乘务员在飞机上履行安全保卫职责的时间应计入客舱乘务员飞行时间。

资料链接

运行合格审定解释

国际民航组织要求承运人必须持有运营人国家颁发的合格证及运行规范等文件，按照规定的条件和限制从事运行。运行合格证是对航空承运人审定合格批准运行的证明。运行规范是对航空承运人运行条件的授权和限制。

颁发运行合格证和运行规范是一种表示对航空公司运行合格认可的方法，也是批准经营许可的先决条件。

航空公司的新飞机买回来就能投入航班运营吗？

两种回答：可以、不可以。

什么情况下可以？

新买回来的飞机属于航空公司已经有的熟练机型，这种机型已经经过民航局的应急撤离演示审核，只要飞机在买回来后处在适航状态就可以安排正常的航班飞行。

什么情况下不可以？

新买的飞机属于以前没有飞过的新机型，比如某航空公司原来的机型只有波音 737 型飞机，新引进了波音 777 型飞机，或者波音 737 机型以外的其他新机型，就必须经过应急撤离演示合格和航线验证试飞合格才能投入航班运行。

应急撤离演示程序

①航空公司根据所购买的飞机向民航局申请应急撤离演示；

②航空公司所属地区管理局安排时间和相关要求（如东航属民航华东地区管理局）；

③航空公司安排飞行机组和客舱乘务组进行该机型各种情况下的应急撤离训练；

④对航空公司的应急撤离演示进行考评的考评员由局方负责组织安排；

⑤应急撤离演示开始，考评人员在机组无准备情况下发出应急指令，如飞机正准备起飞突然客舱失火等等；

⑥应急撤离演示机组必须根据应急情况种类作出正确判断并在规定的 15 秒时间内完成该机型 50% 的应急出口打开、滑梯充气等程序。

50% 应急出口的解释

应急出口包括正常的飞机舱门出口，如波音 737-800 机型，有 4 个飞机舱门，4 个紧急出口。50% 的应急出口应该包括 2 个飞机舱门，2 个应急出口。

飞机验证试飞解释

①如果航空公司使用以前从未使用过的飞机，应当完成民航局规定的 100 小时运行验证试飞，包括航线飞行、夜航飞行，在局方经过检查认为已经达到熟练程度后可以适当减少试飞时间。

②如果航空公司新买的飞机与原有飞机属同一型号，只是在设计上局部更改，试飞时间只需要 25 小时。

③在完成了各种应急撤离演示及验证试飞时间后，航空公司引进的新飞机经过民航局审批合格后就可以投入正常的航班生产。

思　考　题

1. 乘务员的训练项目及定期复训的时间要求分别是什么？
2. 根据 CCAR-121-R4 的要求，乘务员配备数量是多少？
3. 乘务员的三个时间限制是什么？

第四章　客舱安全运行规则

本章提示

　　客舱安全运行规则主要依据 CCAR-121-R4 中的有关条款规定而制定，本章主要概括了各类标示的位置、客舱行李物品的安放规则、飞机在颠簸情况下通信及处置的程序、乘坐民航班机对于便携式电子设备的禁用和限制程序、客舱儿童限制装置的要求和使用程序以及其他的监控。通过对本章的学习，学生可以了解相关的规则内容和要求。

第一节　乘客告示与客舱标示

一、乘客告示

　　飞机客舱里的"乘客告示"是一种安全提示，这种告示的控制在驾驶舱，由飞行机组成员负责接通或者断开。

　　1. "系好安全带"告示

　　"系好安全带"信号打开的时间：飞机在地面的任何移动，每次起飞、着陆前以及机长认为必要的其他任何时间应当打开。在"系好安全带"信号灯打开时伴有"叮当"双谐音。

"系好安全带"信号的位置：每个乘客座位都能看到至少一个"系好安全带"的明显信号或者标牌。如果乘务员检查发现有信号牌灯不亮，应及时维修。

当"系好安全带"信号亮时，客舱乘务员应立即通过广播要求每位乘客系好安全带。

2. "禁止吸烟"告示

根据中国民航运行规则中的相关条款，所有国内国际航班都是禁烟航班。"禁止吸烟"灯光信号位于每位乘客的座椅上方天花板上。在整个飞行航段上"禁止吸烟"灯光信号应当保持常亮。

对违反禁止吸烟规定的乘客的处置：

（1）如发现有违反禁止吸烟规定的乘客，应当立即要求其停止吸烟，如乘客当即停止，不再追究其责任。如该乘客还继续吸烟，乘务员应说服和规劝其不要吸烟，并向乘务长报告。

（2）如乘客不听劝告，态度恶劣，还继续吸烟，要对他讲明此事将报告给机长，并明确指出此行为是严重的行为不当。

（3）一旦该事件报告给机长，就要将乘客的姓名和座位号记录在机上事件报告中。在到达第一个降落站时，机长有权要求地面安排适当的公安人员在登机口接飞机。

为了防止乘客在洗手间吸烟以及在洗手间发生烟雾时及时发出警告，每一厕所内都装有烟雾警告器，其上标明"严禁破坏厕所烟雾探测器"，任何人不得损坏或破坏洗手间中安装的烟雾探测器。洗手间内还有"请勿吸烟"的明显标志，警示乘客不得在洗手间吸烟。

在飞机上的任何人应当遵守下列规定：

（1）在飞机上的任何人应当遵守"禁止吸烟"的规定，包括禁止在洗手间吸烟。

（2）当"禁止吸烟"信号灯亮时，不得在客舱内吸烟。乘务员发现乘客违反禁止吸烟规定时，必须要求乘客停止吸烟。

（3）不得触动、损害或者破坏飞机厕所内安装的烟雾探测器。

飞机在地面的任何移动，在每次起飞、着陆和机长认为必要的其他任何时间内，应当接通"禁止吸烟"信号。

每个乘客应当遵守机组成员为遵守安全规则而发出的指令。客舱乘务员有权要求每个乘客遵守以上指令。

如果有人违反规定在飞机上吸烟，乘务员要作如下记录：吸烟者的姓名和地址，吸烟者的身体特征描述，吸烟者的座位号，吸烟者的登机地点和目的地；证人的姓名、地址和电话号码；是否按规定向乘客作了简要介绍,作介绍时该乘客在飞机上的表现;"禁止吸烟"的告示信号灯是否接通;简要、客观的事件记述,航空公司名称,航班号和日期。

二、飞机标记和标牌的文字要求

飞机上所有对乘客进行提示、警告和通知的文字标记和标牌应当至少有中英文表述。如"救生衣在您座椅下方　LIFE VEST IS UNDER YOUR SEAT"等等。

机上所有向乘客或者机外营救人员指示应急出口和门的位置以及开启方法的文字标记和标牌应当至少有中英文表述。如"紧急出口　EMERGENCY EXIT"。

乘客可能使用的机上所有应急设备的操作、使用说明应当至少有中文表述。如救生衣、氧气面罩。

第二节　客舱安全规则

一、客舱内行李物品储藏规则

飞机客舱内有衣帽间、储物间可以放置行李物品，为了保证客舱安全，不同的物品有不同的放置要求。

1. 厨房物品的安排要求

所有的食品、客舱服务供应品都应放置在装机规定的区域里且保证已被固定好，不会因起飞、颠簸、下降而滑出。厨房是放置为乘客提供的餐饮等物品的场所，也是乘务员的工作场所。每一个储物柜、每一辆餐车使用完后必须归位并且扣紧。乘务员大都养成随手拿取随手关门并扣紧的习惯。否则，可能会有松动的物品掉下，轻则砸坏地板，重则伤着乘客。曾经有个航空公司发生过因为餐车没有固定好在飞机落地时餐车从后厨房一直冲到驾驶舱门的情况，由于飞机着陆时的坡度加上速度，餐车冲击的力度很大，驾驶舱门被撞坏，非常危险。

飞机上的烤箱是用来加温餐食而使用的，在烤箱不工作的状态下，严禁存放任何服务用品，如毛巾、报纸等易燃类物品。烤箱是飞机上的电气设备，如果因为使用不当而引起失火，就有可能酿成事故。所以在使用烤箱前一定要检查烤箱内是否确实有餐食，禁止烤箱空烤。

如有空餐车位也不能放置乘客手提行李。手提行李需要放置在相对可以固定的地方，比如行李架上和乘客座位下面。如果行李放在厨房而没有固定装置，则存在安全隐患。

2. 手提行李的安排要求

航空公司允许乘客携带手提行李登机时，应当按照其运行规范内规定的手提行李程序，对每个乘客的手提行李进行检查，以控制其尺寸、重量和数量。如果乘客的手提行李超过合格证持有人运行规范内手提行李程序规定的允许量，则该乘客不得登机。

不能封闭的衣帽间仅能用来放置衣物，不能放置大件行李。由于衣帽间是用布帘子作为隔离而不能将行李物品封闭，因此放置衣物及一些轻便的物品比较安全。

衣帽间都标有地板承重标准及重量限制，在放置行李时要严格执行规定。如地板的承重限制是每平方米 30 公斤，就不能放置超过 30 公斤重量的行李。

手提行李不能放置在洗手间。飞机客舱内的每个位置根据其使用范围都有地板承重的限制，洗手间只能承受一位乘客的重量，如果放置行李势必会超过地板承重的负荷。另外洗手间没有固定行李装置，不属于放置行李的储藏间。

在飞机滑行、起飞和降落前，乘务员要确认每件行李是否都妥善储藏好。每位乘机的乘客都能看到在飞机起飞前，乘务员会认真地检查行李架是否扣好，过道上是否有乘客的行李。飞机客舱安全要求所有行李必须放置妥当后飞机才能起飞，这也是客舱乘务员安全检查的重要内容之一。

手提行李不能捆绑在座椅上。随着民航运行规则的规范及完善，飞机客舱里的行李放置也在逐步地规范和严谨。从客舱可以人、货混装，到行李可以集中放置在客舱某个比较宽敞的地方，到可以放置在客舱空座位上但必须用安全带绑好，再到行李可以放在空座位上但不能超过机窗高度。从行李放置要求的演变过程可以看到客舱行李管理的逐步完善。多年前曾经发生过这样的一件事，有位民航系统的领导到机场接一位老朋友，下了飞机这位领导就问道："今天的服务怎样？"谁料想他的朋友回答："我今天是坐你们的货机来的。"这位领导一头雾水，他的朋友哈哈大笑："我的座位旁边堆满了行李，所以感觉像货机。"当然，这样的情况再也不会发生了。

手提行李的安排不能影响到紧急设备的使用。飞机客舱里的部分应急设备是放置在客舱行李架上以及客舱后部的壁板处。乘客上飞机打开行李架，看到有个灭火瓶平放在行李架上，可能会把自己的行李压在灭火瓶上，或者把自己的行李放在后壁板处的应急设备上。这样的情况确实存在。因为乘客不清楚具体的规定。乘务员要认真检查并妥善处理，协助乘客安排好行李并解释清楚原因。

不能阻挡乘客看到信号指示牌。信号指示牌及告示牌都必须在清晰可见的醒目位置，不可被行李、衣物或书报杂志遮挡。

飞机滑行前对行李的检查。在关闭全部乘客登机门，准备滑行或飞机移动前，客舱乘务员应当核实每件手提行李是否都已按规定存放好。如果发现不符合尺寸、重量要求的手提行李，乘务长应在关舱门之前通知地面有关人员拿下飞机办理托运。

3. 允许携带的物品

乘客除手提行李外允许携带部分物品上飞机,这类物品主要为资料箱、照相机或望远镜、外衣或衣袋、袖珍书籍或手包、尿布、婴儿及儿童类用品、阅读材料、笔记本电脑、全折叠式婴儿车。

二、便携式电子设备的禁用和限制程序

民航法规严格限制在飞机上使用电子设备,以防止干扰机组通讯,影响飞行安全。电子设备的使用可分为全程禁止使用和空中允许使用两类。

1. 航空公司关于使用手提电子设备的要求

在飞机关闭舱门之后和开启舱门之前不能开启和使用以下设备:移动电话、对讲机、发射机(业余台、城市波段、电话机)、遥控玩具和其他带遥控装置的电子设备、调幅/调频无线电、双向 BP 机。这些设备必须在关闭飞机舱门后就关闭,而且全程禁止使用。

当飞机在空中飞行时可以使用个人计算机包括鼠标器,但在飞机起飞和下降期间必须关闭。

允许在飞机上使用下列设备:助听器、心脏起搏器和其他体内医疗设备、电子表、剃须刀、可接受的个人使用的维持生命装置等。

2. 机组人员责任

(1)在飞行期间,当机长发现存在电子干扰并怀疑该干扰来自机上乘客使用的便携式电子设备时,机长和机长授权人员应立即要求其关闭这些便携式电子设备。

(2)情节严重的应当在飞机落地后移交地面公安机关依法处理。当乘客不听劝告继续使用限制的电子设备时,航空安全员、客舱乘务员应立即强制其关机,并按相关处置程序进行处理。

案 例

关闭手机的提示

有个航班在飞行途中,乘务员发现一位乘客打开了自己的手机,该乘务员见状立即予以制止,并解释在飞行全程中不能使用手机。而这位乘客不以为然地说:"我知道飞机上不能使用手机,但我并没有通话,只不过在玩手机里的游戏,没有关系,何必大惊小怪。"

乘务员听后耐心地对乘客解释说:"先生,我想您对这个规定可能有些误解,在飞机

上，手机电源一旦被打开，便会开始搜索信号，这会严重影响机上导航系统和通信系统的正常工作，有可能导致航空事故。因此，为了您和机上乘客的安全，还是请您现在关闭手机电源。"乘客听完后若有所思地说："听了您的一番话，我才知道这个道理，真是太感谢您了。"并立即关掉了手机电源。乘务员也欣慰地说了声："多谢您的合作!"

点析

对于客舱安全管理工作，如果乘务员遇到问题，要主动与乘客沟通解释，说明其利害关系，就能得到乘客的理解，既保障了安全，又使乘客对乘务员的工作感到满意。

三、客舱儿童限制装置的要求和使用程序

儿童限制装置主要指婴儿摇篮，儿童车、床等用品。由于这些儿童用品需要一定的空间放置，为了确保安全，对其放置位置也有一定的限制。

1. 不允许用来放置儿童限制装置的位置

任何过道座位都不允许放置儿童限制装置。

波音737系列飞机及空客319、320型飞机的客舱布局基本都是单通道，左右两侧均有3个座位。如果儿童装置放在靠过道的座位上，可能会妨碍其他乘客，应急情况下需要一定的时间松开装置，也会影响中间和靠窗座位不需要援助的乘客尽快撤离。

在应急出口座位一排上的任何座椅，在应急出口座椅前面一排或后面一排的任何座椅不允许放置儿童限制装置。

对于应急出口座位乘客的安排有一定的范围，因为这类乘客作为援助者需要在应急情况下协助其他乘客迅速撤离。

2. 允许用来放置儿童限制装置的位置

在飞机的中央或中间座位但不得妨碍其他乘客；必须安排在面向机头的座位；一个成年人只能监护一名使用限制装置的儿童；每一个两周岁以上的儿童必须单独使用经批准的安全带。

3. 其他情况

如果没有空余座位供其使用儿童限制装置或其使用的限制不符合飞机座位大小要求，则儿童必须由成人抱着，儿童限制装置必须安全储藏（如超大）或托运。

四、其他监控程序

民航班机对乘坐飞机的残疾乘客使用的辅助设备也有明确的规定，比如行动不便乘

客的轮椅以及手杖等。由于客舱空间有限，而轮椅所需空间较大而且必须固定，各航空公司对于轮椅的放置位置有不同的要求，一般情况下只允许有一辆轮椅车可以带上客舱并且放置在封闭的衣帽间。大部分需要轮椅的乘客在候机楼办理乘机手续时就可以申请特殊服务，把自己的轮椅办理托运，机场专门备有轮椅把需要服务的特殊乘客送上飞机或接下飞机，乘客到达后取出托运的轮椅就可使用。

自 2013 年开始，禁止乘机人员携带拐杖登机。

资料链接

乘机禁止携带的物品

由于飞机与其他地面和水上交通工具相比有着更高的可靠性、安全性要求，因此对于承运的乘客有很多限制条件，对于乘客携带的行李限制相对于其他运输工具显得更为严格。

通常乘客携带的行李会被分成两类：托运行李和随身携带行李。不管是托运行李还是非托运行李都有很多东西是不能携带的。从每年机场安检没收大量的违禁物品可以看出，多数乘客对民航安全规定缺乏必要的了解，特别是对能带什么东西不能携带什么东西往往概念模糊，给机场和自身增添了不少"麻烦"。那么哪些物品是乘机时禁止携带的呢？根据民航法规，禁止乘机乘客随身携带或托运的物品包括：枪支、军用或警用械具类、管制刀具；易燃、易爆物品；毒害品、腐蚀性物品、放射性物品；其他危害飞行安全的物品，如可能干扰飞机上各种仪表正常工作的强磁化物、有强烈刺激性气味的物品等；国家法律法规规定的其他禁止携带、运输的物品以及上述物品的仿制品。

大部分乘客不一定清楚水果也会被禁止带上飞机，比如很多人都喜欢吃榴莲。去东南亚或者南方的乘客旅游回家都想带一点当地产的榴莲与家人分享，但是榴莲虽属美味却不能携带上飞机，因为它属于有强烈刺激性气味的物品。抽烟的人特别是烟瘾大的人坐飞机总想藏一个打火机或者带一盒火柴，当然在飞机上抽烟是严重违反航空安全规定的，但是一下飞机就能过烟瘾啊，可机场安检又怎能让你侥幸过关呢？

从 1983 年至今，国家法律法规对乘机乘客随身携带的用品规定一次又一次地修改并增加内容，直至现在任何一个机场安检的任何一个安检柜台旁边都放着收取违禁品的大桶，同时标有醒目提示。随着宣传及处罚力度的不断加大，人们对乘坐飞机的安全意识已经逐步由强迫转变到自觉。

第三节　颠簸情况下通信及处置的程序

一、概述

空气在较大范围的运动中还有许多局部升降涡旋等不规则运动。这种不规则的空气运动，气象学上称为扰动气流，或叫乱流，又称湍流。

飞机在飞行中遇到扰动气流，就会产生震颤，上下抛掷，左右摇晃，造成操纵困难、仪表不准等现象，这就是飞机颠簸。

飞机颠簸是由与飞机尺度相当的那部分涡旋（涡旋直径为 15～150 米）造成，这种乱流称为"飞机乱流"。飞机颠簸除了与涡旋尺度有关外还与涡旋频率有关。如果涡旋的作用频率与飞机机翼的自然振动频率很接近，就会发生共振，颠簸会显著加剧。

在飞行中，根据飞行员感觉和目测的飞行状态的异常程度，一般把颠簸强度分为四个等级。

轻度：飞机轻微地和有间隙地上下投掷，空速表指示时有改变。

中度：飞机抖动、频繁地上下投掷，左右摇晃、颠簸、操纵费力，空速指针跳动达 10 公里/小时。

严重：飞机强烈地抖动，频繁和剧烈地上下投掷不止，空速指针跳动达 15～20 公里/小时，操纵困难。

极度：可能发生飞机结构损坏。

二、非预期的颠簸

当中度或较严重的颠簸意外发生时，客舱乘务组应：

（1）立即坐在最近的座位或乘务员座位上，系好安全带和肩带；

（2）通过旅客广播系统指示乘客系好安全带；

（3）不要试图固定厨房里的松散物品；

（4）如果在一段时间之后没有颠簸发生而"系好安全带"指示灯依然亮着，则客舱乘务员可以主动与驾驶舱机组联系，以确定重新开始履行职责是否安全。

三、预期的颠簸

当驾驶舱机组成员通知预计有颠簸发生时，客舱乘务长应做好以下几个方面的工作：

（1）询问可能发生颠簸的时间，颠簸的预期强度和持续时间，"颠簸结束"信号以及其他任何具体的信息/说明。这样的询问要通过飞行机组了解。

（2）乘务长及时把颠簸信息传达给客舱乘务组全体成员，并要求各号位乘务员作好相应的准备。广播通知乘客回原位坐好并系好安全带。

所有客舱乘务员应落实以下安全检查：

（1）确保所有乘客坐在座位上并系好安全带。

（2）婴儿和儿童应被固定在经批准的儿童固定装置或座位上。

（3）确保所有的洗手间无人。

（4）客舱乘务员检查客舱内无任何易松动或者滑落的物品，检查行李架都在扣好状态。

（5）厨房乘务员整理好服务用品并放置在储藏柜或餐车内可以封闭的合适位置。把餐车、水车推回原存放位并踩好刹车，扣好安全锁扣。固定客舱和厨房中所有的松散物品。

（6）乘务员坐在指定的乘务员座椅上，系好安全带和肩带，直到驾驶舱机组给出"颠簸结束"信号为止。

（7）当"颠簸结束"信号发出后，检查乘客和客舱的情况。

（8）无论任何飞行阶段，"系好安全带"指示灯亮后，应广播通知乘客系好安全带。

四、颠簸强度标准和处置程序

表 4-1　颠簸强度标准和处置程序

条件	飞机反应	客舱反应	机组行动
轻度颠簸	瞬间的高度和/或姿态的微小变化	座位上的人感觉被座椅安全带轻微拉紧； 没有固定的物品发生小的移动； 杯中的液体发生摇晃，但没有泼溅出来； 食品服务可以进行； 行走和移动手推车有些困难	机长： 机长根据判断打开"系好安全带"指示灯 客舱乘务组： 1. 核实乘客是否遵守"系好安全带"指示灯的要求 2. 核实婴儿/儿童是否安全地坐在经批准的座位上 3. 固定看管的手推车、客舱和服务用品 4. 小心地继续提供服务

续表

条件	飞机反应	客舱反应	机组行动
中度颠簸	出现高度或姿态变化，出现空速波动，但飞机仍处于绝对的受控状态	座位上的人明显地感觉被座椅安全带拉紧； 未固定的物体发生移动； 饮料从杯中泼溅出来； 人员行走和移动手推车非常困难	机长： 1. 打开"系好安全带"指示灯 2. 用旅客广播指示乘客系好安全带 3. 与客舱乘务组通信以确定服务限制 客舱乘务组： 1. 停止服务 2. 如果情况允许，核实乘客是否遵守"系好安全带"指示灯的要求 3. 固定客舱和服务用品，调整并设置好手推车刹车 4. 如果情况允许，核实厕所内无人 5. 在最近的乘客座位或乘务员座椅上坐下，如果不能坐到座位上，则坐在地板上并扶好
重度颠簸	飞机发生突然的、大的高度/姿态变化，通常出现大的空速波动； 飞机可能会有瞬间的失控； 事后要有详细的维护记录，并对飞机作必要的检查	座位上的人受到座椅安全带强烈的拉力作用； 未固定的物体被抛起或离开地板； 人员无法行走，如果没有把扶支撑物，人员也无法站立	机长： 1. 打开"系好安全带"指示灯 2. 如可能，通过广播指示乘客和客舱机组在座位上坐好 客舱乘务组： 1. 立即坐下，进行自我固定 2. 进行旅客广播或喊指令，指示乘客系好安全带，固定好婴儿/儿童 3. 颠簸过后，向驾驶舱机组报告客舱情况和人员受伤情况
极度颠簸	飞机被强烈抛起，实际上飞机无法被控制； 可能发生飞机结构损坏； 事后要有详细的维护记录，并给飞机作必要检查	座位上的人受到座椅安全带强烈的拉力作用； 未固定的物体被抛起或离开地板； 人员无法行走，如果没有把扶支撑物，人员无法站立	机长： 1. 打开"系好安全带"指示灯 2. 如可能，通过广播指示乘客和客舱机组在座位上坐好 客舱乘务组： 1. 立即坐下，进行自我固定 2. 进行旅客广播或喊指令，指示乘客系好安全带，固定好婴儿/儿童 3. 颠簸过后，向驾驶舱机组报告客舱情况和人员受伤情况

📖 资料链接

飞机颠簸

1. 防不胜防的"晴空颠簸"

在大气层中，复杂的气象变化万千。旋动的气流常在一万米上下的空中窜动，而这正是大、中型喷气式客机飞行的高度。每次飞行以前，机组人员都要到机场气象室了解航线沿途的天气预报情况。但是，天有不测风云。客机在较高的高度飞行时，往往是晴空万里，肉眼不容易见到湍流的到来。正是这种晴空湍流的出现，使飞行员防不胜防，伤透脑筋。这些气流有一定的速度，加上客机的巡航速度，其相对速度更大。强大的气流会使客机以每秒 10～15 米的速度上升，也可能会使客机以更大的速度下降，破坏正常飞行，并产生猛烈颠簸。正像我们在放风筝时，遇到了旋风而放不成风筝的情况一样。客机意外地进入这种湍流区时，总会不同程度地出现问题。轻则发生微度振动或者中等颠簸；严重时，上下旋动的强烈湍流，会让乘客觉得自己被狠狠往下砸，没系安全带的乘客会被抛到舱顶再摔到座位或地板上，其危险性可想而知。

因此，严格按照安全指示灯和空乘人员的提醒系好安全带是多么重要。正因为这样，空乘人员常常会不厌其烦地提醒乘客："除非您需要离开座位，在整个飞行中，您半躺着睡觉或专心阅读时，请松松地系着安全带，当遇到意外的强烈颠簸时，您来得及系紧、系好安全带。"这个善意的提醒也许可以使你化险为夷。

2. 湍流与颠簸

春夏秋冬四个季节，因大气的对流，会出现一些特殊的气象。在这些特殊的气象中，将碰到程度不同的湍流。因此，在飞行的准备阶段，飞行员都很关心航线上的天气情况。客舱乘务员也把如何做好颠簸情况下的安全工作作为飞行前准备的重要内容。

湍流不仅影响飞行的舒适性，有时还会对飞行造成重大威胁。

全日空总结空中颠簸导致乘客及乘务员受伤的经验，修改了工作手册。其中有对湍流强度的判断标准，作为预防对策，提出以下几点要求：

（1）掌握及提供气象资料

为防止发生事故，首先要充分利用气象资料，分析预测有湍流的空域预报天气情况，避开有湍流的航线和高度。

（2）向乘务员说明天气情况

为避免因湍流而引起的受伤事故，在起飞前飞行机组要向乘务员说明天气情况，使他们了解飞机在哪个阶段会因为气流而不平稳，提前做好准备。

（3）座位安全带的使用指示及机长广播实施

如果不系安全带，在突然遇到强烈湍流时，往往会发生事故。所以为防止事故必须系好安全带。无论有无"系好安全带"指示，都会有乘客离开座位去洗手间或从洗手间回到座位，这时如果发生颠簸最容易受伤。

过去的做法，是在起飞前通过视频介绍或广播告知乘客"请坐在座位上并系好安全带"。遇到颠簸时所采取的对策往往是客舱乘务员通过广播督促乘客系好安全带，或检查一下客舱内的安全，有时会发生乘客不理解或急着要去上厕所的情况。现在，通过广播告知乘客其颠簸程度，务必坐好并系好安全带。

乘务员受伤一般是因为发出"系好安全带"指示后，在对乘客进行安全检查过程中，发生了强烈湍流而导致的。

飞行员可以根据云层情况和天气情报等手段判断可能发生湍流的空域及强度。这种预测，个人的经验、知识占有很大部分。如果能够知道湍流强度、持续时间的话，乘务员就容易判断应该如何进行安全工作了。如果判断是强烈湍流，乘务员在客舱内走动会很危险，应该立即坐在座位上系好安全带，以便减少乘务员的受伤。飞行员可以通过广播"将会发生严重颠簸，请各位乘客系好安全带，乘务员也坐在座位上系好安全带"，这样可以引起乘客与乘务员的注意，减少受伤事件。

一般来说，只要遵守工作手册，就可以确保安全。飞行员与乘务员之间要互相了解其业务内容，及时互通情报，就可以将因湍流颠簸而造成的伤亡事件减少到最低程度。

第四节　机组食品规定、酒精饮料及药物的使用限制

一、对飞行机组机上餐食的供应要求

飞机上供应的餐饮（包括机组成员餐饮）是在经过民航卫生部门检验合格的特定航空食品配餐公司加工制作的。为了保证机组成员机上配备餐食的质量及安全，航空卫生食品规定对其生产流程、食品卫生质量、温度控制、有效时间控制、生产加工环境、清洗消毒设施设备等有着极为严格的要求。如果由机上餐饮卫生质量引起食品中毒或身体严重不适会影响飞行机组的工作能力，进而影响飞行安全，所以在执行航空食品安全规定的时候任何航空公司及食品供应保障部门必须一丝不苟。

二、航空卫生保障条例要求

为执行飞行任务的机长和副驾驶员提供不同餐食，也就是同一飞行机组在执行航班任务中不能食用同一种餐食。所有航空公司在提供机组餐食时必须保证机长餐不能与其他成员餐食相同。这样的要求同样适用于长航线飞行机组可能在机上用餐两次或三次。

如只能提供同种餐食时，规定机长和副驾驶员不能同时用餐，两者必须间隔一小时。

在飞机上机组餐食不能加温、冷却后再加温。由于机组餐热食的加工程序是熟食、冷却包装、放入冷藏室、出库装车、装上飞机、烤箱加温，为了保证餐食质量和食用安全，机组成员不能食用二次加温的餐食。

任何航班在飞行前，客舱乘务员不应食用诸如大蒜、大葱、洋葱、韭菜等带有刺激气味的食品。

三、机组成员饮用含酒精饮料后的值勤限制

（1）如果其呼出气体中所含酒精浓度达到或者超过 0.04 克/210 升以上，或者在酒精作用状态下，不得上岗或者继续留在岗位上工作。

（2）在执行飞行任务前 10 小时禁止饮酒。

（3）客舱乘务员在执勤过程中，不得饮用含酒精的饮料。

四、执行任务前的健康要求

客舱乘务员在履行公共航空运输任务的相关职责时，其自身的健康对航空安全肩负重要责任。因此，增强机组成员对自身健康的自我保障责任是必要的。

（1）在身体状况发生异常变化，可能不符合航空人员体检合格证相应医学标准时，应及时报告并咨询航空医师，不得隐瞒或自行采取医疗措施；

（2）在值勤前和值勤中不得使用可能造成生理异常或影响正常履行职责的药物，但航空医师确认的不影响正常履行职责的治疗药物除外；

（3）客舱乘务员因身体原因而不能正常履行职责，包括存在健康缺陷或处于思维混乱状态，且这种状态可能危及飞机及乘客安全，将不得成为机组必须成员参加飞行工作；

（4）客舱乘务员必须对自己的健康负责，对航空人员体检合格证的有效性负责；

（5）客舱乘务员的体检要求：每 12 个月必须在航空公司指定的局方认可的体检机构完成体检。

五、禁止使用和携带的毒品、麻醉药品和精神药品

飞行机组成员、客舱乘务员等，不得使用或者携带鸦片、海洛因、甲基苯丙胺（冰毒）、吗啡、大麻、可卡因以及国家规定管制的其他能够使人形成瘾癖的麻醉药品和精神药品。

航空公司不得安排明知其使用或者携带了上述禁用毒品和药品的人员担任安全工作，该人员也不得为航空公司担负此种工作。

《中华人民共和国禁毒法》第二条所称毒品，是指鸦片、海洛因、甲基苯丙胺（冰毒）、吗啡、大麻、可卡因以及国家规定管制的其他能够使人形成瘾癖的麻醉药品和精

神药品。禁毒是全社会的共同责任。国家机关、社会团体、企业事业单位以及其他组织和公民，应当依照本法和有关法律的规定，履行禁毒职责或者义务。

国家对麻醉药品药用原植物以及麻醉药品和精神药品实行管制。任何单位、个人不得进行麻醉药品药用原植物的种植以及麻醉药品和精神药品的实验研究、生产、经营、使用、储存、运输等活动。

第五节　飞机除冰和航空器清舱

一、飞机除冰

1. 飞机除冰的原因

在结冰的气象条件下，冰、雪、霜等冰冻污染物可能附着在飞机表面，可能降低飞机的性能和飞行品质。因此，必须在清除飞机表面附着的冰、雪、霜等冰冻污染物后，飞机方可起飞。

2. 要求除冰防冰的气象条件

（1）结冰条件

外界大气温度在3℃以下，已形成可见的潮气（例如：能见度低于1.5公里的雾、雨、雪、雨夹雪、冰晶）或在跑道上出现冰流、雪水、冰或雪的条件为结冰条件。

（2）霜（包括积霜）

表面温度在0℃或0℃以下，由水蒸气形成的一种晶状沉积物。

（3）冰雾

冰雾是一种特冷的水滴，是在寒冷天气的情况下，物体上所形成的一种晶状沉积物。

（4）雪

雪以片状小冰晶的方式降落，可以聚集在飞机的表面。

（5）冻雨

大气中水蒸气的冷凝水以特冷的水滴落到地球上，在物体上形成一层冰帽。

（6）冰冷机翼上的雨水或高湿度

当飞机机翼表面的温度在0℃或0℃以下时，可由雨水或潮气在机翼上表面形成一层冰。

3. 飞机除冰的方法

飞机除冰是指用机械手段或热水，或用加热的水和除冰或防冰液的混合液来除去飞机表面的雪、冰、霜或雪泥等所有污染物。

4. 防冰

防冰是指一旦已经清除所有冰冻层后，再给飞机表面施加具有一定保持作用的防止积冰的液体，以防止雪、冰、霜或雪泥在规定的时间内再次积聚。

二、航空器清舱

1. 清舱的定义

清舱是指在乘客上飞机之前对客舱进行全面的、仔细的安全检查，确保客舱内无任何外来人、外来物。

2. 清舱的目的

清舱的目的是为了保证飞机及乘客的安全，最大限度地排除影响客舱安全的不利因素。

3. 清舱的原因

有以下几种可能影响飞行安全与客舱安全的因素：

（1）乘客人数、名单、行李件数与舱单不符

如果某个航班舱单人数是120人，在乘客登机后乘务员数客只有119人，地面服务员检查的人数与乘务组数的人数一致，说明这个航班少了1名乘客，在这种情况下是不可以关门起飞的。处置程序：由地面工作人员尽快查出这位乘客的名字，查出有无托运行李；如无托运行李，地面工作人员报告机长并修改舱单由120改为119，飞机可以关门起飞；如果有托运行李，必须查出该乘客的托运行李号码并从行李箱舱内找出该乘客的行李，确认无误后报告机长。

（2）联程乘客中途终止旅行或乘客登机后因故终止旅行

如果有乘客从北京到昆明，乘坐的航班是从北京至昆明中途降落成都。飞机在成都落地后这位乘客在成都下飞机不走了。在成都上客时发现少了1位过站乘客。由于乘客还没有到达自己目的地就突然终止行程，为了保障航班飞行安全和全体乘客的安全，由机场指挥人员协同机场公安部门、航空公司值班人员进行客舱内的清舱检查。清舱的程序：所有乘客带着各自的行李下飞机重新进行身体及行李的安全检查；将所有已经装上货舱的行李全部卸下，由每位乘客重新认领各自的托运行李然后重新装入货舱；对客舱的所有部位进行全面的安全检查。完成以上程序并确认无任何影响飞行安全的隐患，航

班才能继续飞行。

如果有乘客登机后突然提出终止旅行（通常情况下不允许，除非极特殊情况如突然发病、家庭或单位突发重要情况），需要查明该名乘客终止乘机的原因。机场现场指挥人员应协调机场警方和机场相关单位在该乘客座位周围进行局部清舱，并对该乘客的身体、行李物品、座位附近区域进行安全检查。

（3）乘客在行李交运后却未登上飞机

如有乘客已经办理乘机手续并有托运行李，但没有登机，必须尽快查出该乘客的托运行李并从行李舱内取出，确认无误后才可关闭舱门。

（4）未经安全检查的人员和物品进入航空器

任何上飞机的工作人员都必须佩戴机场公安局监制的特别通行证，无证人员禁止登机。在关闭机舱门前禁止任何无关人员滞留在客舱内。客舱乘务员如发现与本次航班无关的物品被装上飞机，必须报告机长并按规定程序处置。

（5）除上述情况需要清舱，其他可能危及飞行及客舱安全的情况都要采取及时有效的安全程序和措施。

思 考 题

1. 在飞机上的任何人应当遵守的"禁止吸烟"规定有哪些？
2. 手提行李安排的范围及相关限制是什么？
3. 飞机在空中颠簸的等级及乘务员相应处置程序有哪些？
4. 飞机在空中飞行时禁止使用的电子设备有哪些？
5. 什么原因会导致航空器需要清舱后才能起飞？

第五章　客舱乘务员安全职责

本章提示

安全是民航永恒的主题，客舱安全是民航安全工作重要的组成部分。总结民航业发展历程中的安全管理经验及航空安全史，证明确保客舱安全和乘客安全不仅是乘务员的首要职责，而且是乘务员的"使命"。为了使客舱安全管理落实到每个细节，客舱乘务组的每个成员都负有其相应岗位的安全职责。通过本章的学习，学生可以了解机长、乘务员、安全员的安全职责及权利。

第一节　机长安全职责

飞行机组、乘务组是一个团队，每个成员有不同的岗位，每个岗位有不同的工作职责和安全责任。团队中的每个人只有明确各自的安全职责并熟练掌握相关技能，充分发挥团队协作配合的作用，才能正确处置各类可能发生的特殊情况。在这个团队中的最高领导是机长，航空公司运行法规赋予机长以下职责与权力：

（1）在飞行运行期间，飞机的操作由机长负责，机长应当严格履行职责并对飞机的安全运行、机上所有人员和财产的安全负责。

（2）机长对飞机拥有完全的控制权、管理权和最终决定权，这些权力没有限制，可以超越机组其他成员及他们的职责；机长在其职权范围内发布的命令，为保证飞机及机上人员安全和良好的客舱秩序，机上所有人员必须听从机长的指挥，服从机长的命令。

（3）机长发现机组成员不适宜执行飞行任务，为保证飞行安全有权提出调整。

（4）负责组织机组进行飞行前的准备，与飞行签派员共同签字放行；对飞机实施必要的检查；机长发现飞机、机场、气象条件等不符合规定部门保证飞行安全时，有权拒绝起飞。

（5）对于任何破坏飞机、扰乱飞机内秩序、危害飞机所载人员或者财产安全以及其他危及飞行安全的行为，在保证安全的前提下，有权决定有关人员或货物离开飞机。

（6）严格执行相关程序、检查单和操作手册中的要求，以及燃油量、氧气量、最低安全飞行高度、机场最低标准和备降场等规定；依据 MEL/CDL 确定满足飞机要求。

（7）确保飞机载重平衡符合安全要求；检查技术记录本上所填写的故障处理情况和故障保留单，确认飞机的适航能力。

（8）向全体机组成员下达简令，可将部分职责授权给指定的机组人员和分配任务；当其离开驾驶舱时，应作出适当的指示；返回时，应立即听取汇报；履行职责，严格按操作规范驾驶飞机，严格按飞机计划飞行，并遵守其运行规范的限制和空中规则。

（9）应保证始终在有效的通讯频率上进行无线电通讯；并与其他机组人员建立有限的联系。

（10）飞机发生事故，机长应当直接或者通过空中交通管制部门，如实将事故及时报告空中交通管制部门；并确保运行期间飞机记录器不被人为地关断。

（11）在需立即决策或行动的紧急情况下，可采取任何必要的行动，在此情况下，为了安全起见，可不必遵循常规、操作程序及方法，但对其结果负责。

（12）飞机遇险时，机长指挥机组人员和飞机上其他人员采取一切必要抢救措施。在必须撤离遇险飞机的紧急情况下，首先组织乘客安全离开飞机；未经机长允许，机组人员不得擅自离开飞机；机长应当最后离开飞机。

（13）机长收到船舶或者其他航空器的遇险信号，或者发现遇险的船舶、航空器及其人员，应当将遇险情况及时报告就近的空中交通管制单位并给予可能的合理的援助。

（14）飞行中，机长因故不能履行职务的，由仅次于机长职务的驾驶员代理机长；在下一个经停地起飞前，民用航空器所有人或者承租人应当指派新机长接任。

（15）当机长使用应急权力时，他必须将飞行进程情况及时准确地向相应的空中交通管制部门和公司运行控制中心报告，并在返回驻地后 24 小时内向安全监察部门提交书面报告。

（16）飞行结束后，机长检查各种记录本、文件、报告填写是否正确。适时进行机组讲评。

第二节 客舱乘务员安全职责

一、乘务长安全职责

到目前为止国内航空公司的飞机种类主要分为空客和波音两大类，飞机有大有小，但机型主要以波音 737 及空客 320 为主，所以在乘务员安全职责的课程中以波音 737 机型及空客 320 机型为基础机型。每个航班每架飞机都要有客舱乘务员来保障乘客的客舱安全及空中服务，每个乘务组由乘务长、头等舱乘务员、厨房乘务员、客舱乘务员、安全员组成。如果航班上有带飞新学员，就有带飞教员；如果航班上有被检查乘务员或学员，就有检查员。各岗位都有其安全职责。

在执行航班任务的过程中，必须指定一名乘务长。乘务长应认真执行《中华人民共和国民用航空法》及 CCAR-121-R4 的有关规定，全程监控服务工作和客舱安全，确保国家财产和乘客的安全。

（1）在每次航班飞行中，乘务长隶属机长领导，协助机长保证乘客、客舱、货物在正常和应急情况下的安全；

（2）应维护航空公司利益，有权处理机上服务及客舱安全方面的各种事宜；

（3）飞行中遇有紧急情况及时报告机长，在机长的指示下，指挥乘务员充分利用机上应急设备保证乘客安全；

（4）在应急情况下，乘务长负责广播；

（5）负责检查落实本岗位应急设备处于待用状态。

二、厨房乘务员安全职责

厨房乘务员在乘务长的领导下开展工作，协助乘务长处理机上服务及客舱安全的有关事宜。

（1）厨房乘务员在服务工作中除担任本区域规定的工作职责外，还应对所管辖区域的服务工作及客舱安全进行全面管理；

（2）对飞机上配备的乘客餐食饮料等进行质量和安全检查；

（3）按照规定操作管理服务设备和应急设备；

（4）遇有紧急情况及时报告乘务长，在机长/乘务长的指挥下，确保国家财产和乘客安全；

（5）检查落实本岗位应急设备处于待用状态。

三、客舱乘务员安全职责

（1）按照分工负责本区域服务工作和客舱安全；
（2）遇有紧急情况及时报告乘务长；
（3）检查落实本岗位内应急设备处于待用状态；
（4）按照规定操作管理服务设备和应急设备。

四、航线带飞乘务教员安全职责

航线带飞乘务教员在执行带飞任务时，除履行本区域的工作职责外，还要承担学员所在区域的安全责任。如航班上有乘务教员带飞乘务学员，机舱门的操作必须由教员负责进行。如果有乘客因为行李架没有关严而被掉下的物品砸伤，虽然已经由学员检查过，但其结果由教员承担责任。只要乘务学员还没有单飞，工作期间所发生的安全问题都由教员承担。

五、乘务检查员安全职责

乘务检查员在航班上对客舱安全履行检查职能，这种职能包括乘务员对安全设备的检查是否到位；对客舱安全检查的每一条是否认真落实；乘务员自身执行安全规范有无问题等等。在执行航班检查过程中对于没有落实安全规定的问题可以直接给予指正，并有权制止违章行为，有权提出处理意见。

第三节　航空安全员安全职责

一、航空安全员的定义

航空安全员是指在民用航空器中执行空中安全保卫任务的空勤人员，航空安全员在机长领导下工作。现在航空公司的安全员基本有两种：一种是专职的空警人员，其性质属于公务员，在航班上只履行专职安全员职责；另一种双执照航空安全员是经过乘务员和安全员的培训，具有乘务员、安全员的执照，可以履行乘务员及安全员的职责。

二、航空安全员的职责和权力

航空安全员的任务是维护飞行中的民用航空器内的秩序，防范和制止劫机、炸机和其他对民用航空器的非法干扰行为，保护民用航空器及其所载人员和财产的安全。

1. 航空安全员的职责

（1）在乘客登机前和离机后对客舱进行检查，防止无关人员、不明物品留在客舱内；

（2）制止与执行航班任务无关的人员进入驾驶舱；

（3）在飞行中，对受到威胁的航空器进行搜查，妥善处置发现的爆炸物、燃烧物和其他可疑物品；

（4）处置劫机、炸机及其他非法干扰事件；

（5）制止扰乱航空器内秩序的行为；

（6）协助有关部门做好被押解人犯、被遣返人员在飞行中的监管工作；

（7）协助警卫部门做好警卫对象和重要乘客乘坐民航班机、专机的安全保卫工作；

（8）执行上级交给的其他安全保卫任务。

2. 航空安全员的权力

航空安全员在执行职务时可以行使下列权力：

（1）在必要情况下，查验乘客的客票、登机牌、身份证件；

（2）劫机、炸机等紧急事件发生时，对不法行为人采取必要措施；

（3）对扰乱航空器内秩序且不听劝阻的人员，采取管束措施，航空器降落后移交民航公安机关处理；

（4）制止危害航空安全的行为，必要时航空安全员可请求乘客予以协助。

三、航空安全员的权力限制

航空安全员有以下情况者不得在航空器内履行安全职责：

（1）在饮用含酒精饮料之后的 10 小时之内，或处在酒精作用之下，血液中酒精含量等于或者大于 0.04%，或受到药物影响损及工作能力时。

如果安全员在执行任务前 10 小时饮酒就会被取消航班的飞行，其标准等同于飞行机组。

（2）不符合《中国民用航空人员医学标准和体检合格证管理规则》规定的现行体检标准，如体检不合格人员不能参加飞行任务。

（3）被暂停行使执照权利期间。因各种原因被暂停安全员资格的人员不能参加飞行。

思 考 题

1. 机长有哪些职责和权力？
2. 客舱乘务员各岗位的安全职责有哪些？
3. 航空安全员的主要职责有哪些？

第六章　客舱安全运行程序

本章提示

　　客舱安全管理的实施可以从飞行前准备开始，客舱乘务组成员不仅要从理论上理解飞行各个阶段的安全程序，更加需要准确有效地保障客舱安全在每个工作环节的落实。通过本章的学习，学生可以了解乘务员是如何实施从飞行前准备开始到航班结束整个客舱安全运行的全过程。

第一节　飞行前的客舱安全准备

　　飞行前预先准备是指执行航班任务的飞行机组、乘务组及安全员在飞行前一天或飞行当天需要进行的相关准备，属于行业内普遍实行的飞行四个阶段的第一阶段。飞行员、乘务员的准备要求及内容各不相同。各航空公司乘务员的飞行前准备可以有时间、地点的不同，但内容及要求基本一致，目的都是为了更好地、有效地实施航班生产中各项安全保障和服务保障。

一、执勤签到

　　执勤签到是按照航空公司规定的时间在航班起飞前多长时间到规定地点签名，证实乘务员已经到达并可以执行航班任务。乘务员航前签到被指定在规定地点、规定的时间完成。签到的形式有在网上签到（乘务员航班信息签到网），有在指定的签到表上填写自己的名字和签到时间。值得注意的是绝对不可以代替他人签到，因为帮别人代签而刚好被代签人员没有到达而引起的后果，必须由代签人员来承担。如航空公司规定乘务员必须在航班起飞前2小时30分到乘务值班室签到，乘务长在检查本组成员是否已经全部到位时发现有位乘务员已经过了签到时间还没有签到，必须马上通报值班人员及时处理，而不能代替签到。通过执勤签到这个程序，可以避免因乘务员漏飞（误机）而影响航班的正常。关于执勤签到的具体要求在《民航客舱服务与管理》一书中已经详述，这里不再赘述。

二、乘务组安全准备的内容

乘务长在确认本组成员全部到位后开始组织准备。国内航空公司通常的准备时间为25～30分钟。关于客舱服务的准备要求已经在《民航客舱服务与管理》一书中详细介绍，本章节主要介绍客舱安全部分。乘务长除了按规定对整组乘务员进行检查（包括飞行证件与装具、组员到场情况、仪容仪表等）以外，还需要准备客舱服务的相关事项。在有限的准备时间内完成客舱安全的相关准备是必不可少和非常重要的。安全准备的主要内容有：

复习所飞飞机的紧急设备分布情况及如何正确使用：复习的方式可以采用乘务长向组员讲解的方式，也可以采用向组员提问的方式，目的在于巩固和加深印象，在发生情况时可以熟练操作和使用。

复习无准备、有准备两种情况紧急撤离预案：无准备紧急撤离预案指的是飞机在飞行阶段或起飞下降阶段突然发生意外时，乘务员在机长指挥下如何及时果断地采取撤离措施；有准备紧急撤离预案指的是在得知飞机有异常情况需要准备并组织乘客撤离。

延伸跨水飞行的航班要复习救生衣、救生船的相关知识：飞机距最近海岸线的水平距离超过93公里（50海里）的跨水运行必须配备救生衣和救生船；根据当天飞机的机型复习救生衣的位置及使用方法，救生船的位置及使用方法。

复习空中安全防卫预案：讲解空中安全员反劫机、不明爆炸物、非法干扰的处置程序；乘务长对安全员提出要求具体。

三、与飞行机组协调

乘务组与飞行机组是共同保障航班生产的一个整体，在航班飞行前需要与飞行机组进行协调，机组协调的目的是为了促进机组成员间的沟通，提高机组成员间的团队精神，保证飞行安全。

乘务组首先要确认飞行任务书，了解当天所飞航班的飞机号，了解机长姓名，核对乘务组名单、加机组名单、是否有其他随机工作人员。飞行任务书也可以称为是一份飞行文件，包括了很多的项目和内容，除了所有执行该航班的机组成员、乘务组成员以及安全员的姓名外，还有执行该航班的飞机号、每个飞行航段的起飞落地时间、每个航段在机场的加油量、每个航段的乘客人数、该航班的总飞行时间等等。

乘务长需向机组了解当日所执行航班的航路天气状况等，协调结束后，乘务长需将机长要求及航路天气状况等迅速传达给组员，提前做好服务程序调整及非正常事件的处置预案。

📖 **案　例**

局方检查航前准备

2006 年 10 月，局方检查组对某航空公司客舱服务部进行安全生产检查，检查人员还现场听了两个航班的准备会，在其中一个准备会上带班乘务长看到有检查人员前来听会，很紧张，整个准备会带班乘务长对航班服务工作提出了细致入微的要求，但在安全管理方面的准备内容基本上没有，局方检查组对此提出异议，并列为检查的不合格项，对该航空公司下了罚单。

评析

乘务组的航前准备会一直以来都是民航局关注和检查的重点，准备会上进行有效的符合程序的安全准备，是航班安全生产的重要保障。局方检查的重点是：安全准备的时间是否充分、是否对应急处置业务知识进行了复习、是否制定了空防预案。检查的目的是促使航空公司更加重视客舱安全，保障客舱服务工作在符合安全规范的程序中运行。

第二节　乘客登机前乘务组的客舱安全检查

飞机客舱里的应急设备是根据可能发生的各种应急情况而配备的，为了保证客舱安全和乘客安全，乘务员必须熟悉并掌握各类应急设备的位置及使用方法。假设飞机在空中飞行突然有位乘客休克需要马上吸氧，氧气瓶在适用状态但没有氧气面罩，将会造成什么样的后果？所以，乘务组登机后首先要进行各项设备的安全检查，确认应急设备及客舱设备是否配齐并处在适用状态。

一、应急设备检查

客舱乘务员登机后，必须检查核实应急设备的位置，确认其处于待用状态。

急救箱、应急医疗箱在有效期内，铅封（封条）完好。这类药箱的作用是当飞机发生应急情况时对受伤乘客进行处理、当飞机在空中有乘客突然发病时对发病乘客进行急救。为了保证药箱内用品的有效性，航空公司责成专门部门及人员负责定期检查或更换，每次检查后都用标签注明有效期限。

灭火瓶在有效期内，铅封完好，压力正常。飞机上一般配有海伦和乙二醇水两种灭火瓶，分别装在客舱的各个位置。海伦灭火瓶主要用于电器、油类失火，一般安放在厨房附近。为了保障机载灭火设备始终处在适航状态，专门有人负责进行定期检查和更换，并且贴有时间标签。乘务员在检查时要注意时间是否在有效期内，铅封是否完好证明未被打开使用过，如果压力指数小于规定数字就要报告进行更换。

氧气瓶压力正常，面罩完好且匹配。这类氧气瓶是指可以移动的氧气装置，分别放在前后服务舱及客舱行李架上。活动氧气瓶是在客舱释压情况下乘务员首先保障自己使用，再帮助乘客，或者是空中有乘客发病需要吸氧时使用。每个活动氧气瓶都配有一个装在密封袋内的氧气面罩。乘务员在检查氧气压力指针时同时要检查是否配有适用的氧气面罩。

检查洗手间烟雾探测器是否在工作状态。洗手间装有烟雾探测器是为了在洗手间冒烟失火情况下发出警告，避免可能引起的火灾。总结国际国内航空公司飞机在空中发生火灾的原因，大部分原因是由于乘客在洗手间抽烟后把烟头扔在垃圾箱中。现在所有飞机的洗手间全都装配烟雾探测器，避免了乘客在洗手间抽烟情况的发生，也大大减少了洗手间火灾发生的概率。乘务员在检查时观察烟雾探测器工作指示灯闪亮的时间，判断其是否正常。

检查各舱门状况是否正常（滑梯压力指示针在绿色区域内）。波音737型飞机和空客320型飞机的机舱门同时也是应急出口，正常情况下供乘客和机组工作人员上下飞机使用，一旦发生应急情况需要撤离时，舱门也是应急滑梯出口，舱门滑梯在预位状态下打开就可在5~8秒钟内充气。乘务员在起飞前必须检查确认充气滑梯压力指针在绿色区域，说明充气瓶的压力正常。

除了以上几项应急设备的检查以外，还有其他各类应急设备必须在乘务员上飞机后乘客登机前检查完毕。例如，手电筒在指定位置，工作状态良好；延伸跨水飞行时，救生设备齐全，每位乘客座椅下备有救生衣；所有演示设备配备齐全（救生衣/氧气面罩/安全带/安全须知）；安全须知说明配备齐全（在每个座椅口袋里）；检查乘务员控制面板的翼上应急滑梯的指示是否处于预位状态；应急发报机在指定位置；防烟面罩完好无损；打开应急照明开关检查应急灯适航；内话系统（广播）正常；手提麦克风正常；检查乘务员座椅（座椅弹力正常并能复位、头垫固定完好、安全带能正常调节、锁扣正常）；加长安全带在位且按规定数量配备。

案例一

灭火瓶当氧气瓶

2006 年，民航华北地区管理局安全监察部门到某航空飞机上进行出港前的安全检查，现场提出一个考题，空中飞行突然有位乘客不舒服需要吸氧，要求乘务组中一位乘务员马上从离乘客最近的地方取来氧气瓶给乘客用氧。乘务员迅速从后舱壁板处取出氧气瓶，等他准备打开使用时，发现没有氧气面罩，没有供氧阀门。在场的监察官们全乐了，原来这位乘务员取来的不是氧气瓶而是水灭火瓶。"你是经过培训的吗？你的培训合格了吗？培训期间有实操训练吗？"这一连串的问题使这位刚上岗飞行的乘务学员满脸通红。当然这次检查被监察部门下了不合格项，要求航空公司必须在规定时间内整改。

通过这次检查，该航空公司对所有乘务员进行了客舱应急设备使用的全面复习和检查，不仅提高了乘务员的专业知识，对客舱安全管理也起到了保障作用。

二、客舱安全设备检查

（1）检查客舱应急出口处是否有显著的中英文标志。如果发现有标志牌掉下或者字迹不清楚，必须报告并立即改正。

（2）检查座椅靠背是否能够调节。如果座椅靠背失去调节功能，在飞机起飞下降时就无法恢复到正常位置。乘务员检查发现后必须报告机长，由机务维修人员上机处理。

（3）安全带能够正常使用。每个乘客座椅上都有一条可以对扣起来的安全带，可以在起飞下降及整个航程中对乘客起到安全保护作用。安全带功能失效或者丢失必须修理、配齐。

（4）检查禁止吸烟标志灯是否能够正常显示。在检查中如果发现任何一个禁烟指示灯不亮，必须立即报告机长由机务维修人员进行更换。

（5）检查餐车制动装置是否正常。如果餐车刹车装置失效，就不能在客舱服务时使用，需要更换或者做好记录。

（6）客梯车停放稳妥。乘客登机前乘务员检查客梯车是否停稳的方法就是走到客梯车上试试，检查客梯车是摇晃还是已经停稳。如果发现客梯车没有停稳，则不允许乘客登机，以免存在危险。

（7）如无登机梯时必须挂上阻拦绳。如果飞机舱门在打开状态而没有客梯车停靠，黄色阻拦绳一定要挂在机舱门口起到警示作用。

（8）检查完洗手间后锁好洗手间门。检查完洗手间锁好门表示已经安全检查无外来人及外来物。

案例二

清洁工从飞机上掉下来了

某航空公司的飞机在北京首都机场进港后各有关人员正在做飞机的航后检查，清洁工们也在忙着清洁客舱卫生。飞机前舱门有客梯车，后舱门因为需要卸下餐车等供应品、清理垃圾等没有停靠客梯车。有甲乙两个清洁工抬着垃圾袋走向后舱门，他们一前一后，其中乙是退着走的。走到舱门口时，乙清洁工都没有回头看一眼就一步跨出了机舱门，由于甲乙两个清洁工都使劲抓住了垃圾袋，乙清洁工没有直接掉下飞机而是整个身子悬挂在机舱外，由于身体太沉很快就掉到地上。乙清洁工疼得站不起来，马上被送到机场医院，医院拍片检查结果是其中一个腰椎被压迫粉碎，于是乙清洁工马上被送到市区医院做手术。

造成这次事故的原因主要有以下几点：（1）在机舱门口没有客梯车的情况下也没有挂好阻拦绳起到警示的作用；（2）清洁工误以为原来停靠在后机舱门的垃圾车没有离开。该航空公司马上组织有关部门进行整改查找原因，并且重新制定了切实有效的安全措施。

三、机上餐食安全检查

厨房乘务员检查餐食的标准有以下几项：

（1）厨房乘务员要核对配餐单上标注的餐车（供放置餐盘、餐食或其他机上服务用品的带轮子可关闭的服务设备）、备份箱（供放置部分机上服务用品如毛巾、纸杯、饮料等可移动的储物箱）的铅封号、数量与实际是否相符。

（2）如发现没有铅封或者铅封被损坏（如铅封号与实际不符、铅封被破坏等情况），乘务员应先报告乘务长，并与空中保卫员、航食人员共同检查餐车和备份箱内有无不明物品。

（3）如发现不明物品，则拒绝接受该餐车、备份箱，并要求配餐公司对餐车、备份箱（含物品）进行更换。

为了保障食品质量，在检查餐食时有两点需特别注意：①生产日期，乘务员要检查餐车内的餐盒封条上是否标注当日生产日期；②封条，如无餐食封条或者封条破损，应立即要求配餐公司对餐食进行更换，也可在备份餐食数量充足的情况下确保为乘客提供封条完好的餐食，并报告乘务长。

四、飞机过站时的客舱安全检查

飞机在过站时（飞机执行航班过程中的经停站），所有客舱乘务员都要完成过站航班的安全检查。

正常情况下对允许留在飞机上的乘客或行李无须进行再次检查，但在起飞前要对驾驶舱、厨房、洗手间等处进行安全检查。

只有经特殊许可的人出示相关证件后，才可允许其上飞机。飞机在过站期间地面需要做很多保障工作，如飞机加油、客舱清洁卫生、增补为乘客提供的餐食饮料以及服务用品等等。所有接近飞机或者需要进入飞机客舱的工作人员必须佩戴有效的隔离区证件，并在登机前向地面保安人员出示有效证件。

在过站时，所有箱柜的门都要关好扣紧。

如果客舱有空座位，要把安全带一一扣好，以保证紧急情况下的撤离无阻碍。

在检查中如果发现任何可疑的物品（来历和用途不明的遗留、误放物品），不要触动，要立即报告机长。

五、乘客登机前清舱检查

当所有的清洁、航食和飞机维护人员离机后，或在乘客登机前，客舱乘务员与航空安全员要对自己所负责的区域进行检查，一般检查的程序是从上到下，从行李架到每个座椅下面；从前到后，包括衣帽间、储藏柜；还要进行洗手间检查。清舱检查的目的是确认在乘客登机前客舱内无外来人及外来物。在确保无外来人、外来物的情况下才能让乘客登机。

第三节 乘客登机时的安全程序

乘客开始登机时，乘务员除了要做好迎接客人的服务工作以外，还必须要注意几个与安全有关的问题。

一、手提行李控制程序

航空公司允许乘客携带手提行李登机时，应当按照其运行规范内规定的手提行李程序，对每个乘客的手提行李进行检查，以控制其尺寸、重量和数量。如果乘客的手提行李超过合格证持有人运行规范内手提行李程序规定的允许量，则该乘客不得登机。

二、手提行李的限制

机组成员和加入机组成员的手提行李限制为每人两件（飞行员的资料箱不在两件手提行李范围之内）。

机组成员的手提行李应放置在储藏间区域内，不能放在头等舱内。

随身携带物品的重量，每位乘客以5公斤为限。持头等舱客票的乘客，每人可随身携带两件物品；持公务舱或经济舱票的乘客，每人只能携带一件物品。每件随身携带物品的体积均不得超过20厘米×40厘米×55厘米，应能放置于乘客前排座位下面或行李架内。超过上述重量、件数或体积限制的随身携带物品，应作为托运行李托运。乘客不得携带管制刀具乘机。如果手提物品超出规定，应通知机长和地面值机人员进行相关处理；如果在满座的情况下行李安排不下，乘务员要对乘客解释清楚并协助地面工作人员做好托运行李的工作。乘务员在迎接乘客的同时应不断提醒乘客把大件的行李放在行李架上，小件物品可放在座椅下面。由于行李架有载重限制，超大超重的行李必须放到行李舱。对已载满的行李架要关好扣紧。

乘务员在乘客登机期间不仅要协助乘客为其安排座位，更要监控乘客行李的安放情况。在狭小的行李架上，科学合理、安全稳妥地放置好行李是每一名乘务员必须注意的问题。有数据统计，由于行李滑落而引起的砸伤乘客的事件近年来虽然呈下降趋势，但仍时有发生。所以在乘客安放行李的过程中，乘务员必须做好监控。

三、控制应急出口座位

在乘客刚上飞机时，从应急出口处的乘客坐下开始，乘务员就要开始下面的工作：确认乘客是否适合在此座位就座；向乘客讲解此座位是应急出口旁的座位，并告知相关注意事项；让该乘客仔细阅读应急出口的《安全须知卡》；得到乘客的确认。

案　例

两乘客擅自打开飞机紧急出口门被机长拒乘机

某日上午9点，某公司成都至福州经停贵阳的过站航班正点上客，过站乘客李某和石某二人登机后就坐在18A和18B的紧急出口位置。两人落座后，客舱乘务员立即告知他们坐的是紧急出口位置，并要求他们仔细阅读座位前面插袋里的《应急出口乘客须知》，李某和石某二人当即点头表示同意并愿意承担坐在紧急出口位置的责任和义务。但是就在等候其他乘客登机的过程中，李某和石某二人感觉发闷，竟想呼吸一下机舱外的新鲜空气，便擅自扳动了飞机紧急出口门手柄，导致飞机紧急出口门打开。客舱乘务员发现了乘客的异常行为后立即进行了阻止，并将此事报告了机长。鉴于这两名乘客的所作所为已经影响到了飞行安全，机长对其作出了拒绝承运的决定。随后，这两名乘客被带到机场派出所接受调查。9点30分，该航班按时起飞。据机场派出所工作人员介绍，根据相关法律法规，对擅自扳动飞机紧急出口门的乘客可以处以行政拘留，鉴于该乘客的目的及动机，机场派出所对这两名乘客进行了罚款处理。

第四节　登机门关闭程序

开关飞机舱门与开关汽车门完全不同，有非常具体而又明确的规定和程序，稍有不慎，可能会造成很多问题的发生。

一、舱门关闭前，乘务长要确认7项工作是否完成

1. 乘务长检查机组人员到齐

机组成员包括飞行机组、客舱乘务组以及与执行当天航班有关的人员（包括安全

监察员、航线检查员、机务维修员，还有加入本次航班的机组成员）。只要在飞行任务书中有名字的人员都必须到齐。

2. 舱内所有行李已存放在规定的区域

检查确认没有任何行李放置在违反安全规定的位置。

3. 特殊乘客不在应急出口位置

检查确认所有应急出口座位的乘客都符合运行规定并报告机长。

4. 检查所有文件是否已到齐

5. 核实乘客人数是否与舱单相符

在关闭机舱门前，地面工作人员会送一份舱单给机组，舱单上标明当天航班的乘客人数，包括成人、儿童及婴儿。乘务员数的乘客人数必须与地面工作人员数的人数以及舱单人数一致。

6. 确认机上无外来人员

除了准确的乘客人数以及该到的机组成员，与该航班无关的人员必须撤离飞机，否则不能关闭舱门。

7. 乘客按照登机牌的号码对号入座

每位乘客的登机牌上都有座位号码，在乘客登机时必须按照座位号码对号入座，这是飞机配载平衡的要求。

乘务长向机长报告乘客人数、机组人数、特殊乘客和VIP乘客情况，得到机长允许后方可关门。

案例一

"我怎么到延安了？"

某年某月某航空公司的一个飞往延安的航班，飞机在地面客人登机完毕，所有文件齐全，乘客人数核对准确后，舱门关闭，正点离地起飞。飞机到达延安落地后，乘务员进行落地后的广播，有位乘客突然找到乘务员询问：

"飞机怎么到延安了？"

乘务员回答："对啊，这本来就是到延安的航班。"

乘客："不对啊，我是到呼和浩特的。"

"啊"？乘务员乐了，"您上错飞机了？"

"我真的是到呼和浩特的。"

乘务员赶紧查看该乘客的登机牌，确认是上错飞机了。

乘务长请示机长并电话请示基地，给这位乘客重新办理了从延安回北京的机票和登机牌，接着乘飞机从延安回北京。然后又安排该乘客换乘别的航班从北京到呼和浩特。

这样的情况是如何发生的呢？主要原因有几点：

1. 在该乘客准备上摆渡车时，候机楼远机位登机口同时停着两辆摆渡车，该乘客没有搞清楚是哪个航班的摆渡车就上车了。

2. 地面人员没有将该航班减少了一个乘客的信息传递给乘务员，所以乘务员数客的人数与舱单是一致的。

3. 该乘客在乘务员从登机确认广播开始的几次广播中提到的航班到达地是延安竟然没有反应，而是一直在飞机上睡觉。

二、舱门预位程序

（1）负责关闭舱门的乘务员必须确认廊桥或客梯车已经远离飞机而不会影响关闭舱门。

（2）关门前确认门上的舱门阻拦绳收好，以免被夹在门缝里而可能引起客舱不密封。

（3）关闭登机门后：

①乘务长广播下达所有舱门应急滑梯/分离器预位口令；

②乘务员按照指令操作，将红色警示带横扣在观察窗；将滑梯杆挂在地板支架上；

③交叉检查并通过内话机报告给乘务长。

三、重新打开舱门的程序

如果因各种原因要求重新打开舱门，应按下列步骤实施：

（1）乘务长报告机长，取得机长同意；

（2）通知所有客舱乘务员解除滑梯/分离器预位状态，并做互检；

（3）打开舱门时必须由1人操作，同时由1人监控；

（4）登机门重新关闭后，乘务长要立即广播通知所有舱门重新进行滑梯/分离器预位并做交叉检查；

（5）乘务员报告乘务长，乘务长报告机长。

案例二

"我还没下飞机呢"

某航空公司的一个航班正在做起飞前的各项准备工作，眼看起飞时间越来越近，但是机上配备的旅客餐食还未装完，为了不延误航班，乘务长请示机长同意后让乘客在前登机门开始登机，后服务舱继续装机供品。所有物品装完后，食品公司的升降车就开走了，留下一位工作人员需要与乘务员交接签字。由于正在上客，这位工作人员无法走到前舱。前面的乘务长等到乘客登机完毕核实人数及所有文件无误后就请示机长关闭舱门。突然有位航食工作人员跑到前舱，"我还没下飞机呢"。乘务长马上请示机长重新申请打开前舱门，因为滑梯还没有操作预位，在前舱两个乘务员交叉检查后再次打开机舱门。由于廊桥已经撤离飞机，机长申请二次使用廊桥。

这个航班的问题是后舱乘务员在地面工作人员还未下机的情况下没有及时报告乘务长，乘务长在关闭舱门前没有再次核实机上有无外来人员留在客舱内。当然，在重新打开舱门的时候要严格执行有关规定和程序，操作准确。

第五节　飞机在地面滑行前安全程序

一、客舱安全演示

1. 进行安全设备演示

为了确保乘客的旅途安全，每架民航运输机上都配有齐全的安全设备，通过乘务员的讲解演示，使乘客知道这些设备的使用方法和重要性。介绍的方法有两种：如果备有录像设备，就可以通过屏幕向乘客介绍；如果没有录像设备，则由乘务员在客舱给乘客示范。

2. 广播及安全演示

当舱门关闭、飞机滑行起飞前，客舱乘务员应对乘客进行有关安全方面的简介。广播时至少使用中、英文两种语言进行；通过广播或录像介绍"限制使用便携式电子设备的规定"和"禁止吸烟"的规定。做演示时乘务员的手势一定要到位,不能指葫芦画瓢,要尽量把细节给乘客展现清楚。如果是通过视频演示,在演示带上将讲解的重点作画圈的着重标记,强调重点,一目了然。

(1)每一航班的每一航段,关舱门后,客舱乘务员通过演示或录像向乘客介绍以下客舱安全规定:

①安全带的系好与打开方法操作;

②应急出口位置及其引导标志和灯光;

③氧气面罩的位置及脱落后的使用方法;

④禁止吸烟规定;

⑤收直椅背,扣紧餐桌;

⑥应急情况下滑梯的使用方法;

⑦应急撤离路线指示灯;

⑧提示乘客安全须知卡的放置位置并阅读安全须知卡。

(2)乘客安全须知卡

是指各航空公司根据各种不同的机型配备与机型相符的带有图示的、至少有两种文字以上的乘客安全须知卡;该卡放置于乘客能够看到并识别的地方,一般放在乘客座椅背后的口袋里。图卡、图表和词语使用国际认同的符号,描述识别和操作方法。该卡为乘客提供下列信息:系紧、调整和解开安全带的说明;指示通往最合适应急出口的路线;插图描绘打开出口手柄移动的方向;安全姿势;氧气面罩的位置及使用方法;救生衣的使用方法及表明紧急情况下不能在客舱内充气(儿童除外)的说明;禁止吸烟的规定。

(3)延伸跨水飞行时的简介

在飞机作延伸跨水飞行之前,应当保证向所有乘客讲解救生衣、救生筏和其他漂浮装置的位置和使用方法,包括演示救生衣穿戴和充气的方法。如果飞机起飞后直接进入跨水飞行,简介应当在起飞前完成;如果飞机起飞后不直接进入跨水飞行,简介可不必在起飞前完成,但在跨水飞行前,应当完成全部简介。

(4)为残疾乘客作安全介绍

如果飞机上有残疾乘客,乘务员要为残疾乘客作安全介绍,主要内容有:应急出口和备用出口的位置;氧气面罩位置及脱落后的使用;安全带的使用;救生衣的位置及使用;残疾乘客在应急情况下的撤离程序——所有乘客(或绝大部分乘客)撤离后,方可由援助者帮助撤离飞机。

二、使用出口座位程序

1. 出口座位的定义

出口座位是指乘客从该座位可以不绕过障碍物直接到达出口的座位和乘客从离出口最近的过道到出口必经的成排座位中的每个座位。

2. 对出口座位乘客确认

（1）客舱乘务员确认出口座位处的乘客符合要求并报告乘务长；

（2）客舱乘务员在舱门关闭之前，必须对坐在应急出口座位的乘客所承担的协助义务进行确认，对于坐在出口座位上不愿承担协助者义务的乘客或不符合要求的乘客，向乘务长报告并做相应座位的调整；

（3）乘务长向机长报告出口座位乘客的确认情况；

（4）飞行过程中责任乘务员要时刻监控好出口座位，如发现有乘客坐在出口座位应及时评估，对于不符合条件的乘客要及时调换，并报告乘务长。

3. 出口座位的安排

飞机上的应急出口是在应急情况下的紧急撤离出口，根据国际国内运行规则，对于坐在紧急出口处座位的乘客必须符合担当援助者的条件。所以，特别规定不符合条件的乘客不能安排在紧急出口处的座位。

（1）有下列情况的乘客，不得安排坐在出口座位

①行为能力

该乘客两臂、双手和两腿缺乏足够的运动功能、体力或灵活性导致下列能力缺陷：

- 向上、向旁边和向下达不到应急出口位置和应急滑梯操纵机构；
- 不能握住并推、拉、转动相应机构；
- 不能推、撞、拉应急出口舱门操纵机构或不能打开应急出口；
- 不能把与机翼上方出口窗门的尺寸和重量相似的东西提起、握住、放在旁边的座椅上，或把它越过椅背搬到下一排；
- 不能搬动在尺寸和重量上与机翼上方出口门相似的障碍物；
- 不能迅速到达应急出口；
- 当移动障碍物时不能保持平衡；
- 不能迅速通过出口；
- 在滑梯展开后不能稳定该滑梯；
- 不能帮助其他乘客使用滑梯撤离。

②年龄规定

该乘客不到15岁，或者如没有陪伴的成年人、父母或其他亲属的协助，缺乏履行上述所列出的一个或多项能力。

③阅读理解能力

该乘客缺乏阅读和理解出口座位旅客须知卡或机组口头命令的能力。

④视力

该乘客的眼睛必须通过除隐形眼镜或普通眼镜以外的视觉器材帮助才能拥有足够的视觉能力。

⑤听力

该乘客的听力必须通过除助听器以外的器材帮助才能拥有足够的听觉能力。

⑥口头传达信息能力

该乘客缺乏足够的能力将信息口头传达给其他乘客，比如结巴、口齿不清者。

（2）确定坐在出口座位的乘客，能够完成以下工作

①该乘客必须确定：已经清楚协助负责的应急出口位置，知道应急出口的开启手柄位置；

②理解操作应急出口的指令；

③知道操作应急出口的程序；

④明白并遵循机组成员给予的口头指令或手势；

⑤知道如何移动或固定应急出口门（以防阻碍使用该出口）；

⑥能自己操作出口处滑梯，评估滑梯状况，撤离滑梯展开后应保持其稳定，协助他人从滑梯撤离；

⑦动作灵敏，能迅速地通过应急出口；

⑧根据飞机外部情况，选择出口并沿着安全路线撤离飞机。

鉴于以上协助工作的专业性及身体要求，如果遇有应急情况需要撤离时，在有准备的情况下，客舱乘务员在乘客中首选军人、警察、消防人员、民航工作人员或身强力壮的乘客为应急撤离援助者。

4. 出口座位处乘客更换座位

（1）乘客应遵守关于出口处座位的限制，如果乘客不能或自己不愿承担出口座位的相关义务，应当立即将该乘客重新安排在非出口座位就座；

（2）如果非出口座位已满员，应当将一位愿意并符合出口座位条件的乘客调至出口座位；

（3）出口座位乘客向乘务员要求更换座位时，客舱乘务员不得要求该乘客讲明理由；

（4）如果没有符合标准的乘客愿意被换至出口座位，本次航班即被认为过满或超

载，要求非出口座位的乘客将被拒绝乘机，承运人给予适当的拒绝乘机补偿；

（5）如果飞机已处于滑行中，应将此情况报告机长，机长决定是否返回登机口，飞机必须完全停稳后才能更换乘客座位。

三、飞机移动前安全检查程序

（1）安全广播完成，安全演示到位；

（2）检查确认每位乘客系好安全带；

（3）禁止吸烟；

（4）椅背竖直（每个座椅靠背必须调整到正常状态，以保持乘客座椅间的畅通）；

（5）小桌板收起扣好（如果发生紧急情况，小桌板会影响乘客迅速撤离）；

（6）所有帘子收起系紧（飞机起飞和下降时扣好帘子以保持通道的畅通）；

（7）拉开遮光板（一旦发生应急情况可以观察到外面的情况）；

（8）行李架扣紧（以免行李掉下砸伤乘客）；

（9）确保应急出口、走廊过道及机门附近无任何行李；

（10）出口座位乘客符合规定；

（11）儿童乘客用儿童安全带固定或由成人抱好；

（12）检查确认所有移动电话，便携式电脑等电子设备已关闭；

（13）乘客座椅处无饮料和餐具；

（14）洗手间无人占用并锁闭；

（15）无人座椅上的安全带已扣好；

（16）固定好厨房餐具、餐车及供应品；

（17）调暗客舱灯光；

（18）每个电视屏幕收起在储藏位置；

（19）确认烤箱、热水器、厨房灯光等电器电源关闭；

（20）报告机长"客舱准备完毕"。

以上所有的安全检查项目，在《民航客舱服务与管理》一书中作为工作程序已经阐述，这里不再赘述。从客舱安全管理的角度分析，每一条每一款都是与安全紧密联系。乘务员在飞机起飞前不能也不允许减少任何的安全检查环节。这样的规定和检查没有飞机大小及航线长短之分，也没有舱位等级、乘客身份及职务之分。

![资料链接]

只有了解乘客心理才能更好地实施客舱安全管理

起飞前的客舱安全检查是客舱安全工作的重要部分，为了使学生了解并掌握其检查的重要性，我们对乘客对乘机安全的认知及乘务员的处理方法进行阐述。

根据乘务员在客舱安全管理中的经验，发现有的乘客对乘坐飞机的客舱安全要求并不了解。造成这种现象的原因很多，比如宣传、公众对民航安全的认知程度等等。乘务员在执行客舱安全管理的过程中，针对不同乘客的心理及当时的情况，应通过不同的方法达到目的。虽然乘客的身份、地位、年龄、职务各不相同，但在对客舱安全的理解及执行方面大概可以归纳为两种类型，即"懂得航空法及安全规定"和"不懂得航空法及安全规定"两大类。

第一类：乘客知道相关法律的存在，却不是很清楚其制定的原因。

这样的乘客当乘务员在客舱进行安全检查并提醒乘客执行安全规定时，他们颇不耐烦地说"知道了，知道了"，或很不情愿地去做，或拖延很久，甚至拒绝执行。诸如起飞下降要求乘客打开遮光板，他们嫌晒怕热，殊不知这样会对判断飞机外部情况非常不利；要求收起小桌板，他们会觉得不方便，殊不知滑行时万一飞机有紧急制动，小桌板和身体之间的碰撞会造成很大的伤害。每一条安全规定背后都隐藏着事故发生的可能，甚至是血的教训。很多情况下乘客没有及时遵守规定就是因为不清楚这些规定的含义。因而当遵守法规与自身利益要求相抵触时，他们会选择自身利益至上。

权利和义务是相对统一又相对矛盾的。乘客坐飞机都要求有着舒适的服务体验和舒心的旅程。可是一部分乘客却错误地将这理解为随心所欲，按自己的意志行事。例如登机时请乘客对号入座，有些乘客常常会指责乘务员太死板，"就我一个人不对号，难道飞机的重心就失衡了吗？"的确，一个人不会导致这样的后果，可如果其他乘客都要求有这样随便选择座位的权利，我们还有安全可言吗？甚至有些"聪明"的乘客在卫生间偷偷吸烟，担心烟雾报警器报警，拿纸杯将其罩住。难道报警器不响就不会引起火灾吗？总以为一两个人的行为不会给安全带来危害，总以为自己可以将事态控制在一定的范围之内。如果飞机上多几个这样行为的乘客，如果万一有失控的时候，受损伤的哪里仅仅是个别人。乘客在了解一些安全规定后往往又容易对其忽视，这就造成他们更注重个人的舒适感受。

第二类：乘客自尊心重，不愿意被别人要求或提醒。

常坐飞机的人多多少少有些优越感。从登机时他们的目光就不会像初次登机的人那么飘移和不知所措。当乘务员主动上前为其引导座位时，多半会被拒绝。这类乘客不希望在一些乘机的基本常识上被人提醒，他们更多希望得到的是尊重和较为自由的行为方式。如果仍旧像对待初次乘机的乘客那样对他们进行提醒和叮咛，服务的效果往往会适得其反。

这类乘客，从很大程度上讲，他们的行为不仅仅受到了法律法规的约束，还受到了自己思维判断的影响。当强制他们去执行一项安全规定时，常会影响他们的乘机感受。因此在对待他们的态度和方式上要有所区别。首先要考虑他们为什么不愿意接受乘务员的安全检查，提前想到解决他们困难和顾虑的方式。要求其执行安全规定时，也最好以关心和提醒的语气。"先生，请别忘了把安全带系好"要比"先生，请把安全带系好"更能让乘客容易接受。"先生，现在飞机舱门已经关闭了，您的手机该关机了"要比"先生，请关闭手机"更让人觉得亲切。总之，要站在他们的立场上，充分做到"知己知彼"，解释上适当说明原因，让他们充分理解所做的目的是让他们自身更安全，这样就为乘务员的服务管理赢得了主动权。

客舱的安全需要乘客和乘务员共同来创造和维护。虽然这其中必然有着管理和被管理的矛盾，但二者永远都是一个有机的整体。安全永远是乘客和客舱服务的基本要求。当乘客的基本要求和他们的行为方式越来越趋于协调和理智，我们对客舱管理和其他服务之间的步调就会越来越和谐和一致。当有一天所有的乘客都可以以自己的名义加入到客舱的安全管理中时，客舱安全才是最能得到保障的时候。

案　例

细节，让飞行更安全

某航空公司执行南京至北京的航班，一切准备就绪后，正常上客，预报的旅客人数不多，上客过程中发现大部分是返程的学生、团队和商务旅客，有很多是初次乘机的旅客。

"您好，小姐，请您帮我看一下我的座位在哪里？"一位大学生模样的女孩，拖着行李箱，刚一进飞机门口，就羞涩地问乘务长。乘务长看到她手中的登机牌是 10 排 F 座，微笑地对她说："小姐，是客舱中部 10 排左手靠窗的座位，你可以从行李架下方黄色亮灯处找。"刚说完，乘务长突然发现她拿登机牌的左手大拇指是断指，而她所坐的位置又正好是飞机的紧急出口座位，乘务长很快意识到，万一遇到紧急情况这位乘客是不能胜任援助者的。由于正在陆续上客，乘务长决定在快结束乘客登机时，再由客舱乘务员向她说明原因，为她调换个座位。

在等待随机文件的时候，乘务长示意站在紧急窗的乘务员到前舱，告诉她这一特殊情况，并叮嘱她不要太大声让周围旅客听到，然后远远地观察着，心想一旦这位乘客拒绝或是乘务员解释不能让她理解时，乘务长就亲自前去向她解释。所幸的是在不到半分钟的交流后，就看见客舱乘务员帮她调至 9 排 C 座并欣然入座。

客舱乘务员要有一双善于观察的慧眼，因为很小的一个细节，可能会关系到整个飞机的安全和乘客的安全。

第六节　飞机滑行起飞前的安全检查与飞行中的安全要求

一、飞机滑行起飞前的安全检查

乘务组在确认所有客舱安全检查项目全部落实后，注意观察客舱情况，如果发现有影响安全的异常情况，要及时报告机长。

除为了完成保障飞机和机上人员安全的工作外，客舱乘务员应当在规定座位上坐好并系好安全带和肩带。

在驾驶舱给出起飞信号后离起飞时间只有一两分钟，乘务员必须完成客舱安全检查及各种设备的固定并调暗客舱灯光，及时进行"起飞前再次确认"的广播；同时注意观察客舱情况，如果发现有乘客在客舱内站立或打开行李架，必须立即广播提示乘客尽快坐下并系好安全带。

飞机起飞落地是飞行关键阶段，客舱乘务员在各自的座位就座，不能看书报杂志、聊天或者干与安全无关的事。在每次起飞和着陆之前，客舱乘务员应完成对撤离职责的"无声检查"：

（1）应急设备的位置和使用；

（2）出口位置和使用；

（3）防冲击姿势；

（4）撤离程序；

（5）需要帮助的残疾乘客的位置；

（6）撤离指令。

案　例

此时不能睡

某年某月北京飞往广州的一个航班上，宽敞的波音 777 飞机坐满了乘客。在到达广州前 20 分钟飞机开始下降，乘务员下降广播完毕，并完成了客舱安全检查。有两位乘务员回到各自的 3 号门乘务员坐席坐好，并系好安全带。由于天气原因，飞机在广州上空盘旋了 40 分钟没有放起落架，坐在客舱右 3 门的乘务员和左 3 门的乘务员都闭上了眼。这时一位坐在乘务员对面座位的乘客推醒右 3 门的乘务员，提示这位乘务员此刻不能闭目睡觉，并让她叫醒左 3 门的乘务员。遗憾的是，这位乘务员没有意识到问题的严重性，自顾睡去。

事后，这位熟知民航安全管理规则的乘客向该航空公司提出投诉，认为乘坐这样的航班没有安全感，乘务员的安全意识需要加强。

二、飞行中的安全要求

1. "飞行关键阶段" 的范围及安全要求

"飞行关键阶段" 是指飞机在地面运行阶段的滑行、起飞、着陆和除巡航高度飞行以外在 3000 米（10000 英尺）以下的飞行阶段。

（1）飞行关键阶段的客舱乘务员要求

当飞机起飞后，乘务员广播提示乘客，在飞行全程中就座时要系好安全带。飞机在空中飞行有时会遇有气流而引起颠簸，乘客系好安全带可以避免因气流引起的突然颠簸而受到伤害。

在飞机起飞爬高阶段，"系好安全带" 指示灯熄灭前，乘务员不允许进行客舱服务工作。曾经有个航班乘务员担心完不成工作程序，提前就把饮料车准备好，飞机还没有平飞就把饮料车推到过道，结果在飞机继续爬升时饮料车倾倒，泡好的咖啡热茶刚好洒在乘客腿上，致使乘客腿部烫伤。有的乘客没有经验，飞机刚刚离地就在客舱走动，乘务员一旦发现应立即通过广播制止。

（2）飞行关键阶段的驾驶舱要求

飞行机组成员不得从事或者承担任何与飞行安全运行无关和可能分散飞行机组其他成员工作精力，或可能干扰其他成员完成这些工作的活动，机长也不得允许其从事以下几种活动：

①机组成员在客舱或驾驶舱进餐

如果从时间上计算在飞机下降前可能来不及用完餐，可以把机组用餐时间安排到合适的时间段。

②驾驶舱和客舱机组成员之间无关紧要的通话

禁止客舱乘务员在飞行关键阶段与驾驶舱通话，除非有应急情况发生。

③联系到达站预订为乘客准备的餐食饮料等物品

如果因为航班在到达站需要为乘客准备餐饮以及供应饮用品等，飞行机组可以在空中与达到站联系，但禁止在飞机下降的关键阶段进行此项工作。

④为中转联程乘客确认衔接的航班

如果航班上有乘客需要在该航班到达站办理中转手续，可以安排在适当的时间段，但一定不能在飞行关键阶段联系此事。

⑤对乘客进行广告宣传广播

飞机在地面或起飞后下降前的适当时间段，驾驶舱飞行机组成员通过内话广播系统向本次航班的乘客致欢迎词或者介绍预计到达站时间及天气情况。除此以外禁止进行与飞行安全无关的广播。

2. 下降程序及安全监控

驾驶舱机组在大约 10000 英尺高度时打开"系好安全带"指示灯，提示客舱乘务组进入"飞行关键阶段"，这一阶段直到飞机完全停稳为止。客舱乘务组从这个阶段开始应该停止所有的客舱服务或已经完成所有的客舱服务。对于所有安全项目的检查没有航线长短及飞机大小之分，直到所有检查项目全部落实，并由乘务长确认检查。

客舱乘务组应进行飞机下降的广播并开始安全检查。乘务员客舱安全检查项目包括：

（1）确认禁止/限制使用的便携式电子设备的电源置于关断状态；

（2）确认乘客安全带系紧扣好；

（3）儿童系好安全带或由成人抱好；

（4）婴儿摇篮复位锁定，童车固定；

（5）手提行李存放妥当，行李架锁定；

（6）走廊、应急出口无障碍物；

（7）收起小桌板、调直座椅靠背；

（8）乘客坐椅上无食品、饮料和餐具；

（9）拉开、扣好门帘；

（10）打开遮光板；

（11）关断厨房不必要的电源；

（12）固定厨房所有物品；

（13）录像显示器复位；

（14）检查卫生间无人；

（15）调暗客舱灯光；

（16）盖上马桶盖，关闭卫生间门。

乘务员不得在飞行关键阶段进出驾驶舱或与驾驶舱联系。

确认客舱安全检查落实后，乘务员在值勤位置坐好并系好安全带和肩带。

最后完成与起飞前相同的"无声检查"。

第七节　落地后客舱安全监控

一、飞机滑行时的安全监控

飞机落地滑行时，有的乘客会着急站起或打开行李架提拿行李，乘务员发现后应该用机上广播阻止该乘客的行为，并要求其原位坐好；关闭已经打开的行李架，以免行李滑落砸伤乘客。

确保所有乘客坐在座位上并系好安全带；座位靠背和小桌板处于完全竖起并在锁定状态；所有电子设备保持关闭；确保行李架没有打开，过道处没有存放行李；客舱乘务员也应坐在座位上，直到飞机完全停稳机长关闭"系好安全带"指示灯为止。（除非客舱中发生与安全相关的事件需要及时处理。）

二、飞机到达登机口安全程序及解除滑梯预位

（1）飞机到达停机位，发动机关车且"系好安全带"指示灯熄灭后，乘务长通过客舱广播系统指令所有区域乘务员解除滑梯预位；区域乘务员依照指令操作后通过内话广播系统回答。

（2）打开客舱灯光，并再次确认滑梯预位解除。

（3）乘务长报告机长。

（4）与地面值班人员确认后，开启舱门，确认客梯/廊桥停稳后，方可让乘客下机。

三、乘客下机后

各区域乘务员进行客舱检查：

（1）检查有没有乘客遗留物品在飞机上；

（2）将有故障的客舱设备填写在"客舱故障记录本"上，供机务维修人员航后维修处理；

（3）关闭除客舱照明以外的其他电源，包括客舱内的阅读灯。

资料链接

在 20 世纪的后 10 年间，英国注册的航空器已有 244 次应急撤离，幸运的是 186 次采取了预防措施，造成了小的伤害；完全的应急撤离 58 次。据英国民航局统计，所有航空器事故中 90% 的乘客是可以幸免于难的。经调查，在滑行前进行客舱安全简介时只有 10% 的乘客认真听讲，他们在应急情况下知道出口的位置，明确出口的撤离方法。应急情况下导致致命的原因可能是部分撤离乘客的延误而不是撞地本身。只有乘客了解客舱安全信息，才可以提高他们在应急情况下执行安全程序的能力。中国民航 CCAR-121-R4 第 121.567 条要求向乘客介绍和演示应急出口、安全带、氧气面罩、救生衣等的位置和使用方法就是为了这个目的。

思考题

1. 客舱乘务员各岗位的安全职责是什么？
2. 了解客舱乘务组在预先准备阶段客舱安全准备的主要内容。
3. 了解乘客登机前的客舱安全检查程序。
4. 了解乘客登机时的行李安全程序。
5. 对应急出口座位的乘客有哪些特殊要求？
6. 熟悉并掌握客舱安全演示的内容及方法。

第七章　客舱乘客安全管理

本章提示

　　随着航空业的发展，客舱乘客安全的重要性越来越引起航空公司与乘客的重视。保证乘客安全是法律赋予客舱乘务员的最高职责，不仅要满足乘客在乘机中对服务质量的需求，更重要的是保证机上安全，使中国民航客舱安全管理纳入法制化的轨道。如果乘坐飞机的乘客有任何影响到其他乘客和飞行安全的言论或行为，都将按照民航有关的法律法规受到不同程度的惩处。通过本章学习，学生应了解和掌握客舱乘客安全管理的方法，正确无误地处理好各种复杂情况。

第一节　客舱内含酒精饮料提供的限制和监控程序

　　任何显示醉态或在麻醉品作用影响下的乘客均被禁止登机；在飞机上的任何乘客如显示醉态均不可对其供给任何酒精饮料；如果一旦显示在醉态或麻醉品作用影响下的乘客制造出的骚乱可能会影响机组成员的工作，必须尽快通知民航当局（飞机到达站机场公安部门）。对醉酒乘客的处置可根据不同阶段采取不同的方法。

一、飞机起飞前的处置（乘客登机时）

如果登机时乘客显示醉态或在麻醉品作用影响下，干扰了机组成员工作，并/或危及乘客与机组的安全，必须通知地面代办（地面服务员）人员和机长；地面代办人员或机长必须协作并把握事态，并采用任何认为是必要的措施，包括劝其下机；地面工作人员安排处理好该醉酒的乘客。

二、飞机离开停机位后

（1）飞机推出后，如果有乘客显示醉态或在麻醉品作用之下，应立即通知机长，并由机长决定是否滑回停机坪劝其离机；

（2）如机长决定飞机返回停机位，通知机场地面工作人员处理该乘客的离机及以后事宜。

三、对乘客提供含酒精饮料的限制

除了客舱乘务员向乘客供应的含酒精饮料之外，任何人不得在飞机上饮用其他含酒精饮料，禁止任何处于醉酒状态的人进入飞机。

在飞行中，对下列乘客不能供给任何含酒精饮料：

（1）表现为醉酒状态的人；

（2）正在护送别人或被别人护送的人；

（3）未成年人；

（4）护送机密文件人员；

（5）在飞机上持有致命性或危险性武器的人；

（6）动物管理者（指客货两用飞机专门押运动物的人员）。

四、飞机在空中飞行发现醉酒乘客的处理

（1）如有乘客在起飞后显示醉态或在麻醉品作用下，应立即报告机长；

（2）以礼貌而坚定的态度与该乘客打交道，并特别注意避免身体冲突；

（3）机长指示乘务长要采取的任何进一步步骤，并将此事件报告给飞行管制部门。

五、飞机落地后的处理及事件的报告

警察或其他官员可上飞机来处理该乘客并询问目击者。

乘务长填写"机上事件报告单"并报请机长签字；向公司有关部门汇报，及时将"机上事件报告单"交客舱管理部保存。

案　例

酒后与空姐搭讪不成竟说身上有炸弹　后果很严重

空姐真漂亮……

老刘，51 岁，是个生意人。有一天早上，老刘和两个朋友准备坐飞机去杭州。他们都喝了点酒，想在飞机上睡一觉打发时间。登机后，见空姐体态婀娜，言语温柔，老刘说："哇，你们是我见到过的最漂亮的空姐啊！"空姐笑了笑："谢谢夸奖。"一看赞美很有用，老刘继续说："姑娘，你多大了？当空姐几年了？"姑娘们正在忙于收拾其他乘客未放置好的行李，就回头对老刘微笑说："先生，我们从事空乘服务时间都不一样。"老刘不罢休，继续搭讪："太可惜了，这么年轻漂亮当空中服务员，不如跟我干吧，吃香喝辣的……空姐咋走了……"姑娘们面面相觑，都不再理会他。老刘觉得对方害羞，又笑眯眯地说："我说的是真的啊，我把名片给你们，别干这行当了，累不说还很危险，跟我干绝对比这赚得多。"说这话时，老刘起身打开行李箱要找名片，翻出来后才发现空姐都已转移到了后边。随行的两个朋友都劝他别多事了，他觉得自己很狼狈。心生不满的老刘大声对后边的空姐们喊道："我带有炸弹，服务不好小心点！"

飞机延误了

这一喊，不仅没把美丽的空姐喊回来，还惊住了周围的其他乘客，在客舱的空警也警觉地闻声而至。每个航班上都安排有空警，但因为身份特殊，空警们都打扮成普通乘客的模样，只是随身携带的行李箱里装备着警察才配备的武装器具。满脸严肃的空警要求老刘出示身份证，并立即开始随身检查。那边，空姐们也赶紧拨打了 110，并通过广播通知："各位乘客，我们抱歉地通知大家，因为我们所乘坐的飞机机舱内出现特殊情况，要暂停起飞服务，请所有乘客配合安全检查。"本来要起飞的航班忽然搁浅，其他乘客被弄得人心惶惶，不知如何是好。而刚才还能说会道的老刘这时也无语了。他的两个朋友赶紧起身向空警解释："对不起，我朋友只是开句玩笑话，你们别当真啊。"不到

3 分钟,机场公安来到机舱内,对老刘一行 3 人进行控制,封锁现场所有出入口,进行全面安全检查。为了确保乘客和飞机的安全,机场公安和乘务员们对乘坐此次航班的 137 名乘客和行李物品再次进行了安全检查。原本 8 点起飞的航班延误到 9 点 50 分才起飞。

他被拘留了

在排查老刘一行 3 人无安全隐患后,老刘被民警带下飞机接受进一步审查。老刘此时所有的酒意都被吓醒了,不停地赔礼道歉,说自己一时对空姐不满才口出狂言,希望民警放他一马。他说:"当时说带有炸弹,只是开句玩笑。"机场公安机关依据《中华人民共和国治安管理处罚法》第 25 条第 1 款"散布谣言、谎报警情或者以其他方法故意扰乱公共秩序"规定,取消老刘该航班乘机资格,并对其治安拘留 10 日。民航公安机关提醒广大乘客,乘机时要认真遵守民航相关管理规定,切勿一时冲动,妄言威胁民航安全,给自己和他人带来不必要的损失。

资料链接

机上紧急事件报告单

航班号＿＿＿＿＿＿＿＿ 日期＿＿＿＿＿＿＿＿ 飞机号＿＿＿＿＿＿＿＿

出发站＿＿＿＿＿＿＿＿ 到达站＿＿＿＿＿＿＿＿

用"√"选择适当的项目

□ 中毒　　　　□ 受伤　　　　□ 烫伤　　　　□ 死亡

乘客姓名＿＿＿＿＿座号＿＿＿电话＿＿＿＿邮政编码＿＿＿＿联系地址＿＿＿＿

□ 不遵守安全规定

□ 非法干扰

□ 威胁劫机/破坏机载设备　　　　□ 吸烟

□ 拒绝服从机组命令

□ 紧急撤离　　　　□ 延误/火警

□ 释压　　　　□ 滑梯展开

乘客姓名＿＿＿＿＿座号＿＿＿电话＿＿＿＿邮政编码＿＿＿＿联系地址＿＿＿＿

乘客姓名＿＿＿＿＿座号＿＿＿电话＿＿＿＿邮政编码＿＿＿＿联系地址＿＿＿＿

事件起因＿＿＿＿＿＿＿＿＿＿＿＿＿＿＿＿＿＿＿＿＿＿＿＿＿＿＿＿＿＿＿＿＿

事件经过＿＿＿＿＿＿＿＿＿＿＿＿＿＿＿＿＿＿＿＿＿＿＿＿＿＿＿＿＿＿＿＿＿

结论及机组措施＿＿＿＿＿＿＿＿＿＿＿＿＿＿＿＿＿＿＿＿＿＿＿

见证乘客姓名＿＿＿＿＿座号＿＿＿＿＿电话＿＿＿＿＿邮政编码＿＿＿＿＿联系地址＿＿＿＿＿

第二节　特殊乘客的范围及管理程序

一、特殊乘客的范围

民航运输从服务和安全管理的需要出发，对乘坐飞机的乘客进行了范围的划分。特殊乘客的范围比较广，也可以理解为正常乘客以外的需要给予特殊照顾或有特殊情况的乘客。特殊乘客包括：儿童和婴儿、肥胖者、重要乘客、担架乘客、无成人陪伴儿童、病残乘客、年老体弱者、被押送的犯罪嫌疑人、轮椅乘客、盲人乘客、首次乘机者、精神失常者、四肢有障碍的乘客、聋哑乘客、被驱逐出境者、孕妇。

关于特殊乘客的服务，在客舱服务的课程中有详细的要求和工作程序，本节对安全管理有关规则进行阐述。

二、特殊乘客交接程序

特殊乘客在购票时要向航空公司申请特殊服务，比如需要轮椅、儿童无成人陪伴旅行、老人需要照顾等等，航空公司同意接受承运就表示有了承诺。从乘客到达机场开始，在办理乘机手续时就可以说明是什么性质的特殊乘客。特殊服务从即刻开始，一直到乘客到达旅行终点站。所有交接过程都必须责任到具体工作人员，包括乘客的随身物品及行李等。乘务员的责任从与地面人员的交接开始，直至飞机落地到达该特殊乘客的终点站，交代给到达站的地面工作人员为止。

（1）地面工作人员在起飞前将"特殊乘客交接单"交给该航班的乘务长，乘务长在交接单上签字；

（2）在乘客登机前乘务长必须记下该乘客的座位号，如果被安排的座位是出口座位，应报告机长由机长反映给地面服务部工作人员进行调整；

（3）落地前（主任）乘务长应落实特殊乘客如何下飞机（是否需要轮椅等）；

（4）在乘客的终点站或转港站，乘务长将交接单交给接飞机的地面工作人员，并由地面工作人员在交接单上签字。

（5）特殊乘客交接程序

地面服务员（特殊乘客交接单）→乘务长签字→调整座位→安排落实→乘务员负责→如何下机→与地面人员交接并签字。

三、特殊乘客管理

1. 担架乘客（代码：STCR）

根据运行规则及客舱乘客安全管理要求，无论飞机大小只能安排一个担架乘客（除不符合承运担架乘客的机型）。担架乘客只能安排在普通舱的后部，在应急情况下不影响其他乘客的安全。

被运送的担架乘客及护送人员要在规定的合同上签字，保证可能发生应急撤离的情况下，担架乘客和障碍性乘客不能先于其他乘客撤离。如在上述情况中发生意外事件航空公司均不负责。

安排担架乘客的方向最好是头部朝向机头方向。在飞机起飞下降前乘务员要检查其固定担架的装置安全；提醒陪同者坐好并系好安全带；飞机落地后等其余乘客下机后再安排担架乘客下飞机。

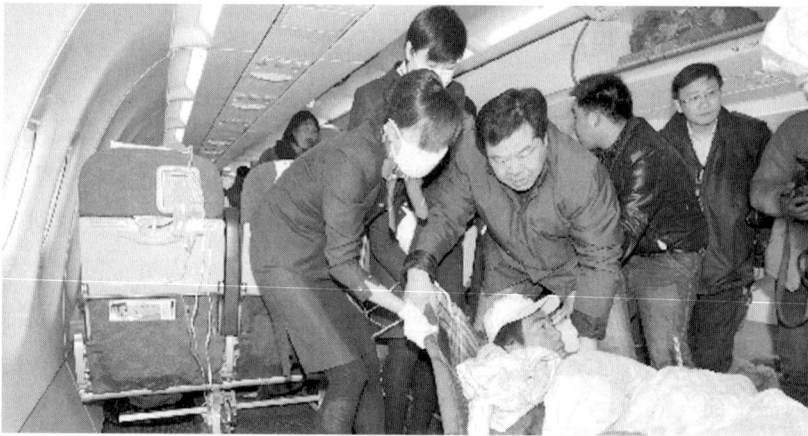

图 7.1　运送伤病员

2. 轮椅乘客

（1）轮椅乘客有以下三种代码

代码：WCHR——表示乘客能够自行上下飞机，在客舱内能自己走到座位处；

代码：WCHS——表示乘客不能自行上下飞机，但在客舱内能自己走到座位处；

代码：WCHC——表示乘客完全不能走动，需他人协助才能进入客舱。

（2）运输条件

①乘客自用轮椅应放在货舱内运输；

②WCHS 和 WCHC 在每一航班的每一航段限载两名。

（3）乘机管理

轮椅乘客先于其他乘客登机，晚于其他乘客下机，不可被安排在应急出口或机舱门口附近的座位。为了方便轮椅乘客上下飞机，机场地面服务可专门为行动不便的乘客准备轮椅。乘客到机场办理乘机手续时可以申请特殊乘客服务，同时把自己的轮椅办理行李托运，地面特服人员用轮椅把乘客送上飞机。乘务员在飞机下降前报告机长，与地面联系为该乘客在到达站申请轮椅。飞机落地后再由到达站特服人员把轮椅乘客接下飞机。

3. 盲人、聋哑人乘客

（1）代码 BLND：包括盲人、无导盲人、有导盲人。

（2）代码 DEAF：包括聋人、聋哑人。

（3）盲人乘客运输条件：盲人乘客携带导盲犬应具备动物检疫证；导盲犬需带口套和牵引绳索。

（4）聋哑人乘客如带助听犬，条件同有导盲犬乘客。

4. 孕妇乘客

乘坐民航飞机的乘客对孕妇乘机还缺乏相关知识的了解，以下运输条件是在总结国内外很多经验，结合飞机在高空飞行客舱密封增压等等特点的基础上而制定的。

（1）孕妇运输条件

- 怀孕不足 32 周的孕妇，按一般乘客承运（除医生诊断不适宜乘机外）；
- 怀孕超过 32 周但不满 35 周的孕妇乘机，应办理乘机医疗许可，填写免责书。

（2）以下情况一般不予承运

- 有流产、早产先兆者；
- 预产期在四周（含）以内者；
- 产后不足七天者。

案例一

深航飞机上的"航生"

1999 年 5 月，在义乌至深圳的航班上，乘务员注意到有位孕妇乘坐飞机，于是给予其非常周到的照顾和服务，同时也很关注这位孕妇。飞机离深圳还有 30 多分钟的路程时，乘务员正在客舱回收餐盒及饮料杯等，只听到一位男士突然大叫："我老婆要生了，快来帮忙啊!"乘务长急忙跑过去询问，原来孕妇上厕所时感到孩子马上要出来了，急得不知所措。乘务长马上组织乘务组进行分工，一边安排乘客腾出空座位把孕妇安排躺下，一边广播找医生。正巧飞机上有位妇产科大夫，而且还给这位孕妇看过病。在这位大夫的指挥下，乘务员马上作各种准备：烧好开水！准备所有的毛巾纸巾！准备急救箱！用毛毯把孕妇所在位置围起来！当班机长还把朋友送的酒贡献出来作为消毒使用！在飞机离落地时间还有20分钟的时候，一声婴儿的啼哭声传遍客舱，全体乘客用热烈的掌声欢迎这位在空中降生的小宝宝。与此同时，机长已经与深圳机场联系好救护车。飞机一落地，在第一时间内马上把产妇和婴儿送到急救中心。

第二天，深航客舱部领导代表深航去医院看望产妇和婴儿，不仅送去了鲜花、婴儿食品、尿不湿等，还带去了全体干部员工的祝福。为了纪念宝宝在高空降临到人世的特殊意义，婴儿父母给女儿起名叫"航生"。深航宣布："航生"成为终身免费乘坐深航班机的特殊乘客。

5. 婴儿乘客

（1）婴儿乘客定义：指出生满14天到2周岁以下的婴儿。

（2）婴儿运输条件

- 出生不满14天的婴儿和出生不满90天的早产儿一般不予承运；
- 出生满14天至2周岁以下的婴儿必须有成人陪伴；
- 每位成人只能有一名怀抱婴儿。

6. 无成人陪伴儿童

无成人陪伴儿童是指因家长没有时间陪同孩子乘机，独自乘机从甲地到乙地的儿童乘客。家长从购票开始填写有关申请，航空公司或售票人员根据填写的"无成人陪伴儿童运输申请书"，为该儿童办理订座和售票，并建立记录文件。该文件航空公司留存一份，家长保存一份，工作人员使用一份。

（1）无成人陪伴儿童代码：UM。

（2）无成人陪伴儿童的乘机要求

①年龄满5周岁但不满12周岁的乘客。如果家长认为孩子独自乘机需要有人照顾，超过12周岁的乘客也可以申请无成人陪伴服务。

②无成人陪伴儿童的运输可以在不换飞机的前提下独自旅行。航空公司不承运航班在中途需要换飞机的无成人陪伴儿童。如北京至广州，中途降落长沙，但要在长沙换飞机才能继续前往广州，或者是中转联程航班。

③必须由成人陪同直到上机为止。家长把孩子送到机场与地面服务员交接，在上飞

机前一直由地面服务员负责照顾直到送上飞机交给乘务员。

④其座位必须已经确认。无成人陪伴儿童的机票是"OK"票，而不是"OPEN"票需要在机场等待候补。

（3）无成人陪伴儿童的交接程序及责任

①家长负责把儿童送到机场，交给机场地面工作人员办理登机手续（不可安排在应急出口处的座位），双方在交接单上签字，并留下联系电话。为了使无成人陪伴儿童区别于其他儿童乘客，机场及航空公司专门为无成人陪伴儿童制作了式样新颖别致的小背心或者是挂在脖子上的爱心小口袋，把儿童的有关信息如证件、机票、名字、家人联系电话等放在小背心或小口袋里。

②在乘客登机前，地面服务人员先把无成人陪伴儿童送上飞机，并将交接单交给乘务长签收。

③乘务长保管交接单，直到落地后移交给地面工作人员。

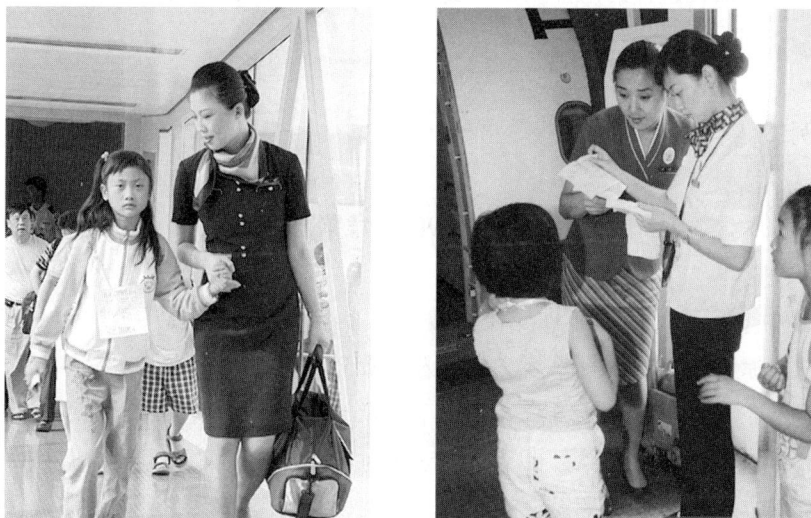

图 7.2　运输无成人陪伴儿童

（4）无成人陪伴儿童的交接责任

飞机需要在中途经停时，不允许儿童离开飞机或由其他乘客带下飞机，除非有地面工作人员或客舱乘务员陪同；飞机在中途站经停，乘务组需要换组但儿童未到达目的地时，下机的乘务长负责将此儿童和有关资料移交给下个乘务组或者交给地面工作人员；到达目的地后，客舱乘务员必须将儿童交给地面工作人员并让其在交接单上签字。

客舱乘务员从接收此儿童起在航程中负全部安全责任，直到抵达目的地与地面服务人员交接为止；或者乘务员将无成人陪伴儿童亲自送到家人手中，并且双方签字。

航班结束后乘务长将该儿童交接单交给客舱部有关部门留存。

7. 需要医疗证明的乘客

（1）需要医疗证明乘客的范围

如果乘客具有下列情况之一者，航空公司将要求他的医生签署航空公司制作的有关表格，经公司同意后方可承运（根据各公司的运行规定）：需用早产婴儿保育箱者、要求在空中额外吸氧者、怀孕超过 32 周不满 35 周的健康孕妇、要求医疗性护理者、担架乘客、有传染病但可以预防者。

（2）对医疗证明的要求

①医疗证明有效时间

这种医疗证明必须说明一切应遵守的措施，并在班机起飞前的 24 小时以内签注有效。

②医疗证明管理

在乘客登机前，这种医疗证明必须交给乘务长一份，航班结束后由乘务长交给有关部门保管。

案例二

想回长沙的病危乘客

2003 年的某一天，在首都机场候机楼，有个担架病人被亲属抬送到值机柜台前，要求办理从北京到长沙的乘机手续。值班人员看到躺在担架上的病人病得很重而且还在输液，根据航空运输规则，认为病人属于不能承运的范围，向其亲属询问有关情况后，劝其改乘火车或其他运输工具。由于病人亲属对航空运输规定不了解，而且病人交代一定要回家。双方在机场僵持半天，最后由于航空公司的坚持不予承运，病人及亲属才离开机场。

3 天后，航空公司有关部门接到投诉，该没有成行的病人病逝在北京，亲属要求航空公司赔偿损失，并且声称由于航空公司的拒绝承运而导致没有实现病人生前的愿望，造成病人亲属有种对不起亲人的愧疚感。航空公司有关部门首先表示慰问和遗憾，并且一再说明以病人当时的身体情况来说如果乘机只能导致他的提前病逝。但是其亲属根本不理会，坚决要求赔偿并威胁要起诉。航空公司要求其亲属出示当时在就诊医院开出的可以乘机证明。第二天，其亲属把乘机证明送到航空公司。为了证实其证明是否有效，航空公司把证明送到出具证明的医院进行查实。医院声明该医院没有这个签名的医生，这份证明根本不是该医院开出，是无效证明。

有的病人家属为了了却病人的心愿，认为乘坐飞机可以早点回家。殊不知有些病情或许根本就不能在密封增压的客舱内滞留，否则只能加速病情的恶化。

8. 无签证过境乘客

（1）对无签证过境的解释

无签证过境是指从 A 国到 B 国中间经过 C 国，飞机需要在 C 国作技术和商务停留（如加油、上下客人），但是没有经停站 C 国的护照签证。所以无签证过境不是犯罪，乘客只是路过一个他们无签证的国家。可以无人陪伴旅行；除非要换飞机，可以在所路过城市不下飞机。

（2）承运人交接责任

航班离港前，由承运人负责接收和转运无签证过境人员；地面代办人员应证实该乘客具有该国目的地的所有必要条件，装有该文件的信封在航班中应由客舱乘务员保管；客舱乘务员必须将无签证过境人员的文件袋交给接航班的地面工作人员。

9. 偷渡者

隐藏在飞机任何分隔舱内，如厕所、衣帽间、机组休息室、行李箱内或其他储藏空间从甲地到乙地的人均可被认为是偷渡者；如果用假护照、假证件企图乘机出境也被认为是偷渡者。

对被怀疑是偷渡者的处理：

（1）不要试图收取他/她的费用，偷渡者的性质与缺额补差完全不同，一般情况下偷渡者也很少携带钱币。

（2）乘务员一旦在客舱内发现偷渡者应立即报告乘务长，并由乘务长报告机长，由机长将有关信息通知给飞行管制人员。飞行管制人员负责协助并搜集有关信息向机长转达另外的指示。

（3）如在飞机离港前发现有偷渡者，请机场公安人员将其带下飞机。

案例三

东航外航服务部荷航值机柜台成功拦截偷渡客

民航资源网 2009 年 10 月 13 日消息：10 月 6 日，中国东方航空股份有限公司（China Eastern Airlines Corporation Limited，简称"东航"）上海保障部浦东客运部外航部收到了来自荷兰皇家航空公司（KLM Royal Dutch Airlines）上海站站长 Harry 先生热情洋溢的表扬信。内容是感谢代理 KLM 小组的值班主任李女士协助拦截"帮助索马里乘客偷渡至欧洲的蛇头"作案。

当天 KL894 柜台刚开放不久，队伍中就出现了四位非洲籍乘客，其中两人排在公务舱队伍中，另两位排在经济舱队伍中，四人装扮统一，男士西装笔挺，女士穿着民族长袍，每个人都拎着一个很小的拉杆箱。由于 KLM 航班上很少出现非洲籍乘客，而且行李又是那么少，这些符合偷渡嫌疑乘客的特征立即引起了当班值班主任李女士的注意，她立刻通知柜台员工密切注意。

乘客在柜台办理手续时，李主任也一同跟到了柜台，在检查其肯尼亚护照的过程中，发现了非常值得怀疑的几个疑点：第一，乘客在前一天刚刚从广州入境；第二，乘客持上海始发的单程机票；第三，很少的行李。其中一名乘客 Gabow 旅行经历丰富，且有一张 KLM 的银卡，而另三位乘客显示都是第一次旅行。这些疑似偷渡的信息让李主任警觉起来，开始与乘客交谈，在询问过程中，始终只有 Mr. Gabow 在回答问题，而其他三名乘客均表现出不自然的神情。

在简单交流后，李主任确认这些乘客有问题，她立即与当班 KLM 商务反映了这一情况，商务了解后最终决定拒载乘客。荷兰移民局之前已经阻留了部分试图非法入境荷兰的外籍乘客，正为无法识别他们的国籍而苦恼，这次上海站提供的相关信息为他们破案提供了有力线索，最终他们得以识别乘客身份并着手准备将乘客遣返原国。而持有肯尼亚护照的乘客 Gabow 涉嫌协助索马里公民从中国非法进入欧洲，该乘客已经进入荷兰使馆的黑名单。肯尼亚已经开始着手调查 Gabow 是如何得到那些试图非法偷渡的偷渡者护照和意大利签证。

在东航代理的 KLM 航班上，外籍偷渡乘客比较少见，通常是回自己国家，转机不需要签证，就可以放行。正是这一点便利使中国成为偷渡欧美的中转站。而对于值班主任来说，敏锐的观察力、清晰的判断力是在多年代理欧洲航班中积攒下来的宝贵经验。

案例四

认真数客　发现偷渡

2006 年 2 月某航班，在北京地面，乘客登机完毕，值机人员送来舱单告诉乘务长：客人 188 人，已经上齐，边防也已放行。乘务长核对舱单确认 188 人无误。但数客的乘务员却说："我数的是 190 人。"乘务长觉得有必要再清点乘客人数，结果又数了两次仍是 190 人。乘务长将此情况报告机长，并与地面人员一起逐个检查乘客登机牌，结果发现两位女乘客均持有 1 月 16 日的登机牌，工作人员向她们索要机票和护照，都告知没有，边防及相关单位人员上机检查，将这两位"乘客"带下飞机，随后其他乘客也全部下机重新清舱。

该事件发生后，机场边防公安人员顺藤摸瓜，一举破获一个通过机场内部人员进行偷渡的犯罪团伙。近年来，通过各种渠道进行偷渡的事件屡禁不绝，这就要求乘务员必须把好清舱关。此外，为了避免丢下乘客的事件发生，确保航班正点，乘务员也必须认真履行好数客职责。

认真清点乘客人数，并确保与舱单一致，是《客舱乘务员手册》的规定，也是确保航班安全的基本要求。

10. 要求冷藏物品的乘客

（1）要求冷藏的药品

在飞机上有时会有乘客携带一些需要冷藏的药品希望乘务员帮助冷藏，但由于飞机厨房的冷藏空间有限，原则上不主动安排，由乘客自行保管。乘务员可向乘客提供盛有冰块的清洁袋或塑料袋，但决不可将乘客药品冷藏于厨房冷藏箱或冰柜中。

（2）要求冷藏的食品

如果乘客在航班中要求冷藏的食品开封过或气味过重，可向乘客提供盛有冰块的清洁袋或塑料袋，由乘客自行保管；如是未开封的食品可视情况将食品冷藏于厨房冷藏箱或冰柜中。

11. 情绪不稳定的乘客

飞机上如果有乘客情绪激动或不稳定，乘务员要观察由何种原因所致，才能有针对性地做好服务工作，可以采用以下几个办法：

（1）耐心地听取乘客抱怨，了解其抱怨的主要原因是什么，不要试图打断或解释；

（2）如有可能应设法改变当时的状况，如善意的劝解，分散注意力等；

（3）如果是对某个人或某件事抱怨，向其道歉并告知将帮助转达给有关人员；

（4）为防止发生意外，乘务长安排人员与其沟通，观察情况的进展，并将情况报告机长；

（5）航班结束后，乘务长应将该乘客的情况记录在"乘务长日志"中。

从下面的案例中可以发现，乘客情绪不稳定有多种原因，其中一部分原因是乘客带着情绪上飞机。乘务员的观察、分析以及及时处置都很重要。否则，有的乘客在情绪失控情况下很有可能作出危及飞行及客舱安全的举动。

> 案例五

自称失恋，年轻小伙飞行途中欲开舱跳机自杀

2009 年 9 月 19 日下午，在上海飞往北京的某航空公司航班上，一名年轻男子在飞行过程中多次试图打开后舱舱门，被乘务人员及时制止。据同机乘客了解，该男子自称失恋，当时欲跳机寻短见。

乘客张先生称，9 月 19 日下午，他从上海浦东乘坐某航空公司的航班回京，当时坐在飞机的后排。飞机于当天下午 2 点 5 分起飞，起飞 10 多分钟后，他突然听到阵阵闷响，抬头一看，发现一名男子正在用手疯狂地捶打着舱门，并试图将舱门打开。该男子年龄在 20 岁左右，上身穿一件黑色的短袖衫，下身穿浅色牛仔裤，身边还放着一个黑色的提包。几名空姐见状，立即上前阻止，并挡在舱门处，不让男子靠前。该男子未加理会，又多次冲向舱门，均被空姐拦下。此时，一名空姐带着乘警赶到，四五名工作人员一拥而上，直接将男子摁倒在地。随后，该男子直接被带到机舱后部的服务间，并被控制起来。

"从砸舱门开始，那个男的一句话都没说。"张先生称，当时机上的很多其他乘客都因这一幕而表示惊讶。后来得知，这位乘客声称自己刚刚失恋了，准备将后舱门打开跳下飞机自杀。

飞机上另一名乘客说，她询问了飞机上的工作人员，如果一旦飞机后舱在几千米的高空中被打开，机上所有人员都将有生命危险。包括她在内的多名乘客也都表示从空乘人员处得知，闹事男子声称失恋要跳机。

当天下午 4 点 20 分，飞机降落到北京首都国际机场二号航站楼（T2），该男子随即被机场民警带走调查。

12. 被遣返乘客

（1）被遣返乘客的解释

乘机出境乘客如果由于使用假护照、假签证或私自毁掉个人所有证件以致无法确认其真实身份，被边防检查发现后即被遣返回乘机出发地点。

（2）对被遣返乘客的处理程序

①地面工作人员把装有该被遣返乘客国籍及到达目的地的文件袋交给乘务长或安全员保管；

②将被遣返人员的情况、被遣返原因、携带物品等，传达给全体乘务员；

③已经办理接收手续但飞机未起飞前，如果该遣返人员有自杀性激烈和反抗行为可能危及飞行安全的，经机长同意可以不予接受；

④对被遣返人员在飞行中不得对其提供任何酒精饮料，供餐时不得提供具有伤害性的餐具；

⑤不能安排在靠近驾驶舱或紧急出口处的座位；

⑥飞机降落前机长与到达站地面联系，把被遣返人员信息通知给地面有关单位；

⑦有关被遣返人员的文件袋在飞机着陆后必须交给机场边防检查站官员，并将被遣返乘客交给地面有关人员。

案例六

他是哪国人？

某航空公司从欧洲回北京的一个国际航班，在始发站该航空公司的办事处工作人员通知国内有个被遣返乘客将乘机回北京。

飞机在北京落地后，机场边防局等联检有关单位工作人员到达飞机舱门口，航空公司地面值班领导也到达现场准备与边防局交接。乘务员在飞机上把该被遣返乘客交给地面有关人员。按照程序，被遣返乘客必须经过边防局处理完所有程序后航空公司才能介入处理。但是麻烦的事情发生了，该乘客在边防局三天时间没有说出一个字，也无法了解到该乘客是何方"神圣"。因为没有资料和证件可以证明他的身份和国籍，到了第四天，可能是由于疲劳和心理防线的崩溃，这位乘客终于说出了自己是哪国人士姓甚名谁。航空公司马上与该国驻中国大使馆联系，确认是否是该国公民。在大使馆的协助下，航空公司和边防局终于搞清楚这位"神圣"来自孟加拉国。在北京出发的飞机上他把自己所有的证件全部毁掉，以为落地后被移民局拘留几天就可以在到达国居留。谁知还没有出候机楼就被当地移民局查出并遣返。

中国边防局规定被遣返乘客禁止在中国境内居留，必须在限定时间内遣送回所在国。如果哪个航空公司承运了偷渡乘客，就由该航空公司负责承运偷渡乘客回出发地，并且负责其遣返回所在国目的地的机票和在边防局的滞留费用。如国航北京至巴黎的航班飞机在巴黎落地后，巴黎机场移民局查出一名偷渡乘客，该偷渡乘客必须乘坐国航巴黎至北京航班遣返回北京。由于偷渡者不是中国人，国航必须负责其遣返回所在国的机票。航空公司购买了北京至孟加拉的飞机票，在大使馆的协助下从机场边防局直接将这位"神圣"送上了回孟加拉的航班。

13. 遗失物品乘客

在乘客登机时，如果有乘客已经登机却突然向乘务员提出丢失了物品，客舱乘务员要将所丢失的物品的时间、地点、名称、特征、价值了解清楚，并尽力帮助寻找。乘务员也可将情况告知地面服务员，请他们帮助寻找。如未找到乘客的遗失物品，告诉失主时要先道歉，表示如有进一步的消息会及时通知对方，并留下失主的联系方式，要始终以认真负责的态度体谅失主的心情。

如果飞机在空中有乘客发现丢失了物品，乘务员首先要了解丢失物品的特征、颜色、形状、牌子以及有可能丢失的位置，乘务员要积极主动地帮助寻找，也可询问周围乘客。如果没有找到，乘务员要记录该乘客的姓名、联系电话，告知其将继续帮助其寻找。无论结果如何，都要给乘客答复。

如果是在飞行中拾到乘客遗失物品，客舱乘务员应由两人在场清点遗失物品并报告乘务长。如有失主认领，乘务长应在确认是该乘客的物品后将物品归还失主，必要时留下该乘客的姓名及有效证件的号码。

如果在乘客离机后，或在乘客登机前，乘务员在客舱捡到任何有价值的物品时，必须马上报告乘务长进行查看，而且需要有两人在场，将遗失物品逐一记录。如果将物品交给地面工作人员，需要保留收据。

14. 警卫人员携带枪支的乘机规定

根据《中华人民共和国民用航空安全保卫条例》第 32 条规定，禁止乘客携带枪支、弹药、军械、警械乘坐飞机。

（1）准运范围

①执行国家保卫对象和重要外宾保卫任务的警卫人员佩带枪支、子弹，由本人携带。为了保障飞机和乘客的安全，持枪人应采取枪、弹分开的办法随身携带。

②由机场安检部门核对、登记并通知机组。

③空警或航空安全员负责核实，无空警或航空安全员的航班由乘务长负责核实。

（2）起飞前发现乘客携带武器登机的处理

机舱门关闭前，如发现乘客携带武器，应迅速报告乘务长和机长，机长通知有关部门报告机场公安部门前往机上处理。在机场公安部门到达之前，应将乘客携带的武器临时交由机上安全员保管。

（3）飞行期间发现乘客携带武器的处理

如果飞行中发现乘客携带武器，应迅速报告乘务长和机长。航空安全员和客舱乘务员应做好突发事件处置和反劫机的准备。

15. 勤务动物运输

勤务动物是指免费运输的帮助盲人导盲或聋人助听的狗（导盲犬、助听犬）。运输规定有以下几点：

（1）必须具有"动物检疫证书"，入境及过境国家所规定的其他证件及残疾者的文字证明；

（2）一个客舱内只允许有一只导盲犬或助听犬，携带者只能购买经济舱的机票；

（3）携带者不能坐在出口座位处，以免影响紧急情况下的撤离；

（4）这类动物被带入飞机机舱前，必须带好口套并系好牵引绳索，在飞行途中，这类动物不得占用座位或任意跑动，必须停留在主人脚边、面向过道的位置上；

（5）飞行途中，只能喂水，如长途飞行，应在航班中途站停留时，在地面喂食；

（6）除了有免疫要求或禁止入境的国家、地区之外，可以携带导盲犬搭乘国内外航班。

16. 机上发生失窃的处置

飞机客舱就像其他公共场所一样，乘客的身份、职务及乘机理由等各不相同。绝大部分乘客认为飞机客舱是比较安全的，所以上飞机后对于个人的随身物品不加防范，随意放在行李架上。有的乘客登机后随手就把自己的行李放在靠前部的行李架上而自己则坐在客舱后部座位。尽管乘务员提醒乘客管理好自己的贵重物品，但在几个小时的空中旅行中有的乘客需要休息，有的乘客需要上洗手间。总结近年来空中发生的失窃案件而得出经验，偷盗者就是在乘客休息或上洗手间的时间里动手作案。对于这类失窃事件的发生，乘务员可根据客舱安全管理规定的程序进行处理。

乘务员在飞机起飞前的观察与提示：

（1）提示乘客小心看管自己的手提包，贵重物品尽量放置在自己座位下面或自己视线范围内可以看到的位置。

（2）一般情况下乘务员不主动替乘客保管物品，尤其是贵重物品、易碎物品。

（3）加强客舱监控，及时关闭行李架。在飞行过程中注意观察有无可疑现象。如果确定在机上发生偷窃，乘务员首先要与乘客确认是在客舱发生，然后了解以下情况：

● 丢失物品的放置位置，比如在第几排行李架上还是在座椅下面；

● 丢失物品的名称、规格、式样、颜色及其价值；

● 丢失时间段，是否在乘客自己监控的时间段内；

● 该乘客是否在有可能丢失的地方查找过；

● 确认偷窃是在机上发生的（有的乘客在使用某件物品时发现该物品没有了，但不能确定丢失的时间和地点）；

● 有无可疑线索（是否有人在这期间打开过该行李箱）。

将以上情况了解清楚后报告机长，由机长向警方报案。在飞机落地前，及时与警方联系，询问需要采取的措施。乘务组要尽力让其他乘客知道是丢失物品乘客的要求而不是航空公司采取的行动，以免导致其他乘客的不满。飞机落地后通知乘客在机上等候直至执法人员到位。

案例七

空警法眼恢恢　飞贼插翅难逃

2011 年 1 月 23 日凌晨 1 点 30 分起飞的北京至宁波的某个航班上，大部分乘客用过餐食后都在睡觉休息，空警在安静的客舱里巡视观察乘客动态，当空警从客舱前部走到后部时发现一名中年男子正在打开 12 排 C 座位上方的行李柜，往外拿一个咖啡色的手提包，那名中年男子看到有人时，立即把包放了回去，关上行李架，然后在客舱中部找了个空座坐下，手里拿着纸巾不住地擦汗，他的这一异常举动引起了空警的高度警觉。为了避免打草惊蛇，空警继续若无其事地巡视，重点对该中年男子进行监控。

凌晨 3 时 10 分飞机在宁波机场落地后，15 排 A 座一名 30 岁左右的女性乘客报警说，自己装有大量现金的咖啡色 LV 手提包不见了，并指认已处于空警监控状态的中年男子偷了她的钱，这时中年男子拿着一件黑色拉杆箱和电脑包急急要下飞机，空警亮明身份后控制住该盗窃嫌疑人。清舱中发现了被嫌疑人抛弃在 10 排行李架上的咖啡色 LV 手提包，打开拉链后，发现很多钱凌乱地摆在行李内，行李包内装钱的小包，里面的钱都不见了。机长立即将情况报告地面，并将盗窃嫌疑人移交给宁波机场公安人员处理。

乘机时注意一些形迹可疑人员，尤其是要多留心在飞行中途和下机时整理、翻找行李的乘客，因为盗窃分子常常就是利用这种方式来盗窃贵重物品或现金。如发生机上钱物丢失请及时向机上乘务员或空警报告。

案例八

机上盗窃频发

2008 年 11 月 5 日至 6 日，北京首都国际机场三号航站楼值机柜台及休息区连续发生 4 起乘客随身行李被盗案件。首都国际机场公安分局相关部门通过调查、走访，迅速发现并锁定 3 名外籍男性犯罪嫌疑人，于 11 月 6 日 15 时将准备在航站楼再次实施盗窃行为的犯罪嫌疑人当场抓获。在抓捕过程中，一名负责外围的犯罪嫌疑人逃脱，民警立即通过公安信息查询系统确定逃脱嫌疑人的暂住地，提前赶到其住处将其抓获，起获现金、笔记本电脑、数码相机等大量赃证物，价值近10万元人民币。通过审查3名犯罪嫌疑人，公安分局还于6日晚成功截获一邮往外国的邮包，并在邮包内起获部分赃证物。至此，不到30个小时，4起拎包盗窃案件全部告破。

这个案例颇具代表性，综合分析这几起案件均为针对民航乘客运输发生的侵财案件，分别发生在乘客办理乘机手续和飞行途中疏忽大意时。以上两类侵财案件不仅严重侵害了乘客利益，损害了航空公司、民用机场的声誉，使乘客财物遭受重大损失，同时还存在着危害航空飞行的安全隐患。

机场警方通过总结归纳近年来针对民航乘客运输的侵财案件，向乘客发出提示。

首先，犯罪嫌疑人主要在乘客办理乘机手续、登机过程和飞机平稳飞行时段实施盗窃。在航站楼内办理登机手续时，乘客经常专注于填写报关单、换取登机牌等，而放松对自身财物特别是行李推车上贵重物品的看护，造成财物失窃；在乘客登机过程中，早有准备的犯罪嫌疑人会夹杂在人群中登机，将乘客刚刚放入行李舱内的行李拎走，实施盗窃；在飞机进入飞行平稳期时，乘客通常会放松警惕，部分乘客开始进入睡眠状态，犯罪分子会假装收拾行李取东西，趁机盗取其他乘客的行李；在飞机落地后乘客都开始起身取行李欲下机时，机舱过道内人员拥堵，此时部分乘客特别是坐在后排及靠窗位置的乘客会选择原地不动地坐在椅子上等待一会儿，犯罪分子就趁乱盗取这些乘客行李内的钱物。

其次，机上盗窃的作案人选择的作案航线以中短程航线为主，飞行时间为1个小时左右。犯罪嫌疑人选择航线的随机性很强，一般是由甲地到乙地后，随机选择航班购票去丙地。其中太原、东营、银川、呼和浩特、西安至北京的航线为案件高发航线，占全部发案数的67%，广州、珠海、深圳、上海至北京的航线，占全部发案数的16%。

再次，机上盗窃案件以现金为主要目标。从接到的报案中的财产损失情况来看，98%的机上盗窃案件被盗财物都是现金，实施机上盗窃的犯罪嫌疑人一般不选择手提电脑、金银首饰等贵重物品作为盗窃对象。

最后，物品被盗与乘客麻痹大意的心理关系密切。在侦破案件的过程中，机场警方发现多数失主在物品失窃后浑然不觉，更有甚者，在民警抓住嫌疑人进行核对时都没有警觉。原因很简单，乘客进入机场后以为乘坐飞机的人员素质一般较高，人身、财产相对安全。其实安全只是相对的，机场以及航空器依然是供公众从事社会生活的公共场所。机上盗贼之所以能够得手，并不是手段高明，而是与乘客的疏忽大意和思想麻痹息息相关。

17. 机上有押送犯罪嫌疑人

公安人员执行押送犯罪嫌疑人时选择乘坐民航飞机，根据任务需要和轻重程度，有时会通报民航系统，有时属于保密任务。如果机组得到通报，将遵照以下规定执行：

（1）地面有关人员至少应于飞机起飞前 30 分钟，将情况通知机长，机长将情况通知乘务长，做好准备工作。

（2）乘务长接到运送犯罪嫌疑人通知单后，应确认犯罪嫌疑人人数、陪同人数和座位安排情况等。

（3）飞行中，客舱乘务员不得为犯罪嫌疑人提供金属刀叉、陶瓷、玻璃、钢制等餐具，禁止提供酒类、沸水饮品、瓶装饮料。

（4）需用餐饮则须事先征求其押送人的意见。

（5）客舱乘务员要像对待一般乘客一样进行正常服务，协助押运者顺利到达目的地。

（6）被押送犯罪嫌疑人及押送人员需要提前登机和最后下机。

第三节 拒绝运输的权力

一、被拒绝运输的乘客

航空公司有权拒绝和不接受乘客，这类乘客属于国家法律、法规不允许乘坐航空运输工具的人员范围。乘客只要符合以下条件中的任何一条，航空公司就可拒绝运输：

（1）国家有关法律、政策规定禁止运输的人员及危险品、违禁物品；

（2）乘客的行为、年龄、精神或身体状况不适合航空旅行，可能对他人及飞行安全造成危险或危害的；

（3）乘客不遵守国家法律、法规或航空公司乘机安全规定的；

（4）拒绝接受机场安全检查的；

（5）乘客未能出示有效证件的（包括办理乘机手续所需的证件及出入境需要的各类有效证件）；

（6）乘客出示无效客票的；

（7）客票与本人证件不符的；

（8）携带违禁、危险行李物品的。

二、可不接受的乘客范围

是或疑似中毒者，是或疑似吸毒者，要求静脉注射者，醉酒乘客或表现为醉酒的乘客，已知是传染性疾病患者并在航班中有传染他人可能者或该人无法提供有效证明无传染危险者，任性的、可憎的或捣乱者，精神上不健康、有可能影响机上人员或自伤者，怀孕超过 35 周的孕妇，在乘客购票或办票时拒绝提供有效证明者，拒绝人身或物品安全检查者（《中华人民共和国民用航空法》规定所有乘客及其行李必须经过安全检查。乘客可以接受或拒绝。如果乘客拒绝，则不允许其登机）。如有以上任何一种乘客已登机，乘务长报告机长并有权要求地面商务人员进行处理。

第四节　机上配载平衡及乘客座位要求

配载平衡是为了保证飞机在起飞、着陆时的重心平稳，根据不同机型，每架飞机根据乘客多少及货物装载重量需要有一份清晰的配载平衡表。如有时因为配载重心靠前，在乘客已经登机入座的情况下需要将部分乘客调整到靠后一点的座位。

机上配载平衡的重量计算：把乘客人数、行李、货物及邮件等按照飞机重心的位置，妥善地安排，使飞机无论在满载或卸载的情况下重心位置都在平衡范围内，使飞机能安全、顺利地飞行。

原则上要求乘客按照登机牌号码对号入座，当乘客座位调整幅度较大时，需要向机长汇报。

对于更换机型的航班，如果乘客座位安排不符合飞机重心平衡要求，值机员必须按要求调整乘客座位，乘务员需要对值机员的工作进行配合和协助。

不能对每位乘客、机组人员及手提行李进行实际称重的航班，舱单的计算使用下列标准重量（单位：千克）：

人员	成人	儿童	婴儿	机组
国内航班	72	36	10	77
国际航班	75	40	10	77

思考题

1. 掌握客舱内含酒精饮料提供的限制和监控程序。
2. 哪些乘客属于特殊乘客？
3. 航空公司有权拒绝承运和不接受的乘客有哪几类？
4. 了解各类特殊乘客的代码和运输程序。

第八章　航空器内的非法行为及处置

本章提示

　　随着航空事业的发展，非法干扰行为和劫持航空器的犯罪时有发生，已严重危及航空安全。据国际民航组织不完全统计，1970—1998 年共发生 1072起非法干扰事件，死亡人数达 3103 人，受伤人数达 2569 人。近年来，部分非法干扰行为甚至上升为恐怖活动，成为国际社会的一大公害。由于非法干扰行为直接影响到国际民用航空运输的正常运转，严重危害到世界经济和社会的稳定与发展，世界各国都一直致力于国际反非法干扰行为立法实践，并制定打击措施。联合国安理会、国际民用航空组织除发布宣言和通过各项决议、制定公约外，还制定了根据情节从重处罚的量刑标准。

　　通过本章学习，学生应了解和掌握：《东京公约》、《海牙公约》、《蒙特利尔公约》对非法劫持航空器的犯罪行为及其管辖权的确定；非法干扰行为的类别；航空器内的非法干扰行为的处置。

第一节　空防安全的重要性

　　自"9·11"事件后，非法干扰行为不仅表现为对空防安全的显形危害，而且还表现为对国际和平与稳定的潜在破坏。国际民航组织和各国政府为此举行过多次会议讨论遏制非法干扰的问题，并且还出台了一系列法律措施。我国先后加入了相关反非法干扰的国际民航刑事公约，承担起了一个航空大国应负的国际责任，建立了反非法干扰的行政处罚机制。《中华人民共和国民航安全保卫条例》中明确规定，禁止在航空器内实施非法干扰行为。

1977年6月1日，一架安2型303号飞机在执行乌鲁木齐至哈密的航班任务时被劫持，这是新中国民航发生的第一起劫机事件。湖北省某县的会计张楚云，因政治问题被单位审查，带有玩具手枪、体育教练手榴弹、假炸药包以及大扳手、地图等物，以手枪、手榴弹和爆炸装置相威胁，企图挟持客机逃亡境外。机组人员断然拒绝，在飞行过程中严密保护驾驶舱，并机智地与歹徒周旋。在临近降落时，歹徒跳窗逃跑而摔死。

在空防安全的概念中，"有效预防和制止人为的非法干扰民用航空的犯罪与行为"是空防安全工作的主要目的。不管政府拨多少经费用于反恐或使用先进设备，最重要的还是要培养全民的空防安全意识。

无论是何种形式的航空恐怖主义，其实施途径归结起来总共分为两种：一是以轻武器、冷兵器劫持飞行器，以达到要挟、恐吓等目的；二是以爆炸物、有毒物质为依仗，通过破坏或劫持飞行器、威胁或伤害人质安全等手段，达到其恐怖主义目的。根据美国运输安全管理局（TSA：Transportation Security Administration）的统计报告数据，恐怖分子想要炸毁客机的比率在35%~65%之间。而恐怖分子所使用的危险品想要进入到客机内，首先就要过安检关。而由乘客提供的进入飞行器内部的物品，只有随身行李或者托运行李（航空邮件、邮包、货物）。所以机场在乘客托运行李的安检工作上应实施更严格的标准，发展更有效且快捷的安检程序，有效打击当前科技含量越来越高的航空恐怖主义犯罪行为。如2009年12月25日，一名乘客企图点燃一件随身携带的爆炸装置，爆炸物为粉末和液体的混合物，想炸毁美国西北航空公司一架飞往底特律的航班，但没有成功。2010年10月31日，一架美国联合包裹服务公司（UPS）货机从也门起飞飞往美国，在经停英国东米德兰兹机场时，被得到情报的英国军警检查出一个由打印机、手机和爆炸物组成的遥控炸弹。

国际民航组织已经对《安全保卫——制止对国际民用航空进行非法干扰行为》（《国际民用航空公约》附件17）进行了第12次修订，强化了民用航空保安政策和国际标准。要求每个缔约国应确保原来仅适用于国际民用航空的标准和建议措施，在切实可行的范围内，应用于国内民用航空，并且增加了对航空保安质量控制和人的因素的国际标准和建议措施。按照新的国际标准，国际民航组织已于2003年开始对所有缔约国的民用航空保安状况进行强制性审计，我国是首批被审计的国家之一。新组建的中国民用航空企业空防安全工作要达到新的国际标准，就要充分认识空防安全在民航企业中的地位与作用。保证空防安全不仅关系到企业的经济效益和社会效益，也是在履行法律所赋予的责任。

在飞机上滋事和实施违规行为不仅是一个客舱安全问题，对相关乘客和机组人员也会造成巨大的心理负担。因此，对逐步升级的滋事行为的预防成为民航客舱安全所探讨和关注的焦点。

民航发生的客舱滋事事件越来越多，滋事行为经常是由一系列事件积累而成的，如天气原因、航空管制原因及飞机调配或故障原因引起的延误，过大过重行李被带进客舱，与乘客沟通的技巧和解决问题的能力等等。另外，许多客舱暴力事件都与酗酒或吸烟及电子设备的限制有关，甚至还出现了机上自杀事件、机上盗窃事件等等。

全球航空安全信息网客舱安全小组在《客舱滋事行为的处理指南》中，提供了相关的建议：识别潜在滋事行为的早期征兆，保证在与乘客相处时能掌握必要的语言技巧，提供流畅的服务；平息乘客因时间的等候、延误和行李等问题所产生的不满。

乘客应遵守《中华人民共和国民用航空法》、《公共航空运输承运人运行合格审定规则》、《中华人民共和国民用航空安全保卫条例》及《中华人民共和国治安管理处罚法》等有关法规的规定，确保飞行安全和客舱安全。

第二节　国际公约对非法干扰行为的确认

一、《东京公约》对非法劫持航空器的犯罪行为的确定

《东京公约》，全称是《关于在航空器内犯罪和其他某些行为的公约》，于1963年9月14日在东京签订，是第一个对劫持航空器做出规定的国际公约。

1. 《东京公约》对非法劫持航空器的犯罪行为做出明确规定

（1）违犯刑法的罪行；

（2）危害或能危害航空器或其所载人员或财产的安全，或危害航空器上的良好秩序和纪律的行为，无论其是否构成犯罪行为。

2. 《东京公约》赋予航空器机长的权力

（1）航空器从装载完毕、机舱外部各门均已关闭起，直至打开任一机舱门以便卸载时止，被认为是在飞行中。

（2）机长有正当理由对在航空器内犯罪和实施某些其他行为的人采取必要的合理措施，包括看管措施。

二、《海牙公约》对非法劫持航空器的犯罪行为的确定

1970年12月16日在海牙通过的《关于制止非法劫持航空器的公约》（简称《海牙公约》），对非法劫持航空器的犯罪行为作了明确规定：凡在飞行中的航空器内的任何人用暴力或暴力威胁，或用任何其他恐吓方式，非法劫持或控制该航空器，或这类行为的任何未遂行为，或是从事这类行为任何未遂行为的共犯即为犯有罪行。

三、《蒙特利尔公约》对非法劫持航空器的犯罪行为的确定

1971年9月23日在蒙利特尔通过的《制止危害民用航空安全的非法行为的公约》（简称《蒙特利尔公约》），规定了非法和故意实施以下行为属于犯罪：

（1）对飞行中的航空器内的人采取暴力行为，从而危及该航空器的安全；

（2）破坏使用中的航空器或使其受损而不能飞行或危及它的飞行安全；

（3）在使用中的航空器内放置或使他人放置某种装置或物质，可能破坏该航空器，或使其受损坏以致不能飞行或危及其飞行安全；

（4）破坏或损害航行设备或妨碍其工作，足以危及其飞行安全；

（5）故意传送虚假情报，从而危及飞行中的航空器的安全。这些犯罪的未遂行为以及实施这些行为或未遂行为的共犯行为均属犯罪。

四、机长的权力

《中华人民共和国民用航空安全保卫条例》规定：

（1）在航空器起飞前，发现有关方面对航空器未采取本条例规定的安全措施的，拒绝起飞。

（2）在航空器飞行中，对扰乱航空器内秩序，干扰机组人员正常工作而不听劝阻的人，采取必要的管束措施。

（3）在航空器飞行中，对劫持、破坏航空器或者其他危及安全的行为，采取必要的、合理的措施。

（4）在航空器飞行中遇到特殊情况时，对航空器的处置作最后决定。

第三节 航空器内的非法干扰行为及处置

一、非法干扰行为的定义

非法干扰是指违反民用航空法规,侵害民用航空机场、民航飞机,干扰民航飞机运行安全或秩序,危害乘客及有关人员生命财产安全的行为。

在国际航空法上,通常把航空器内的犯罪、非法劫持航空器以及破坏或袭击使用中的航空器和地面航行设备等危害国际民用航空安全的行为,称为对民用航空的非法干扰。

非法干扰行为根据国际民航组织的《东京公约》、《海牙公约》、《蒙特利尔公约》以及中国民用航空安全管理的法律、法规等相关规定,主要的非法干扰活动及行为有:

(1)以武力或其他方式劫持飞机、强迫机组操纵飞机改变预定航线,飞往其他境内外机场降落的活动及行为;

(2)以任何方式在飞机上安置、携带或企图安置爆炸装置或其他危险物品,从而可能破坏飞机或引起飞机损坏、减低飞行能力,使飞机安全受到侵害或出现险情的活动及行为;

(3)在飞行中,对飞机上执行任务的机组成员或乘客进行暴力侵害、威胁,而这种行为可能会对飞机安全及机组、乘客人身造成危害的活动及行为;

(4)威胁或电话威胁炸机,未经许可进入驾驶舱、企图强行打开驾驶舱门;违反规定不听劝阻,违反规定开启机上应急救生设备等活动及行为;

(5)未经许可使用电子设备,以任何借口或理由故意偷盗或损坏求生设备的活动及行为;

(6)提供已知的错误信息,导致飞机飞行中断或安全受到危害的活动及行为;

(7)在飞行中故意扰乱机组工作和机上秩序的活动及行为;

(8)在飞行中盗窃机上设备、乘客行李物品,对飞行安全产生不良后果的活动及行为;

(9)在飞行中非法或企图使用任何物体、装置或武器对飞行安全构成危害的活动及行为;

(10)在飞行中扰乱秩序的行为,如寻衅滋事、殴打乘客、酗酒滋事、性骚扰、破坏公共秩序、在禁区内吸烟、强行登占飞机等活动及行为。

二、非法干扰行为的类别

1. 严重非法干扰行为

根据《东京公约》、《海牙公约》、《蒙特利尔公约》的规定，严重非法干扰行为有：触犯刑律的犯罪行为（恐怖主义罪行）；实施或企图实施劫持、爆炸航空器；袭击、爆炸机场等行为。

2. 一般非法干扰行为

可能危及飞行安全的行为：当面威胁或电话威胁炸机；未经许可进入驾驶舱，或企图打开驾驶舱门；违反安全规定不听劝阻；在客舱及厕所吸烟；殴打机组人员或威胁伤害他人；谎报险情、危及飞行安全；未经允许使用电子设备；偷盗或故意损坏救生设备；违反规定开启机上应急救生设备等。

扰乱秩序的行为：寻衅滋事、殴打乘客；酗酒滋事；性骚扰；破坏公共秩序；偷盗机上物品、设备；在禁烟区吸烟；冲击机场、强行登占航空器等。

3. 严重的乘客行为不当

严重的乘客行为不当的概述：法规严禁任何乘客袭击、威胁、恐吓或干扰机组成员执行工作，这样一种违规可以被认为是严重的行为不当；用身体攻击、踢、撞乘客或对航空公司工作人员进行攻击和殴打都可能会受到犯罪起诉；有意识地毁坏、损坏、偷窃航空公司财产或机组的个人财产是一种犯罪行为。如果乘客的干扰中断了机组人员履行职责，有乘客或机组人员受伤或受到使人确信能付诸行动的伤害的威胁，则进行非计划的着陆和必须对该乘客采取限制措施。

案例一

大打出手被取消乘机

2009 年 11 月 5 日晚 8 时 05 分，某航空公司即将执行西安至乌鲁木齐航班任务。当乘客已经登机完毕飞机准备起飞时，西安咸阳国际机场地面警方接到机组人员报警，称飞机上有人打架，场面十分混乱。机场值班民警迅速赶到事发现场，将两人带回派出所。经调查，这是由一个不小心的磕碰而引发的打架事件。原来，该趟航班当晚是由济南经停西安前往乌鲁木齐的，乘客罗某在通过机舱时无意间碰到了正在打牌的济南籍男子孙某，先是和孙某及其两个打牌的朋友发生口头争执，由于言语不和，孙某便和罗某相互动起手来，造成飞机客舱内多人围观，现场一片混乱，严重影响了飞行安全，扰乱了秩序。

民警将孙、罗两名乘客带下飞机后，在机场派出所，孙某对自己的一时意气用事而引发严重后果深感懊悔，民警见其态度诚恳，进行了口头教育。最先动手的孙某向罗某作出了 1000 元的赔偿。两人当日的航班行程被取消。罗某表示今后将严格遵守法律法规，不再做出格的事情。

案例二

谎称炸弹　航班延误

台湾中华航空股份有限公司（简称"华航"）编号 CI501 的班机由桃园机场飞往上海，在距离飞机降落前 30 分钟，美籍华裔乘客林先生突向空服员谎称托运行李内有炸弹！机长请示浦东机场塔台后，班机转降杭州萧山国际机场，所幸虚惊一场，但造成班机延误 6 小时 25 分才抵达浦东机场，近 800 名乘客行程受影响。

据报道，这起事件导致原计划搭乘该班机于中午 12 时 05 分从浦东飞往台北的近 400 名乘客，在浦东机场等了 6 个多小时。

对这起两岸开放定期班机直航以来的首宗机上事件，台湾当局"交通部民航局"局长表示，因班机未受损或发生事故，根据相关规定，华航机长有权决定由班机启程地或目的地管辖，因事件发生在上海飞行情报区，"诈"弹乘客也在班机转降后立即被杭州机场人员带走，将由杭州机场进行处理。

案例三

盗窃机上救生衣

昆明机场安检站连续查获两起乘客随身携带盗取机上救生衣案件。在此之前，一名姓张的河南籍男性乘客通过安检时，安检员在其随身携带的行李中查获一件机上救生衣。一名姓李的湖北籍男性乘客同样在通过安检时，安检员在其随身携带的行李中又查获一件其盗取的机上救生衣。

《中华人民共和国民用航空安全保卫条例》中第二十五条明确规定，在航空器内，禁止盗窃、故意损坏或者擅自移动救生物品和设备。违反规定者，由民航公安机关依照

《中华人民共和国治安管理处罚法》有关规定予以处罚。

目前乘坐飞机旅游、探亲、办公已经很普遍，但由于一些乘客不了解乘坐飞机的常识，为了自己的私欲，竟然将机上用品占为己用，给自己和他人带来了不必要的麻烦。当飞机发生紧急情况时，一件救生衣关系的是一个人的生命。

针对以上非法干扰行为的处理原则：

首先应委婉或恰当地劝告乘客应遵守航空法规，如果乘客遵守了就没有进一步行动的必要；如果乘客不听劝告，航空公司政策是采用适当的手段，包括强制执法人员的介入来对付行为严重不当的乘客；机组成员从目击者中获得乘客的记录信息，填写"机上重大事件报告单"；将情况报告机场安全保卫部门。

案例四

机场乘客因航班延误心急　殴打工作人员被拘

2010 年 5 月 21 日 19 时许，乘客曲某、冯某、褚某乘坐某航空公司航班从深圳飞往北京，因流量控制致航班晚点 1 小时 30 分钟，未能赶上中转 JD5245 航班前往海拉尔。该三人在下飞机后，在首都机场二号航站楼 22 号登机口处，由于不满航空公司的安排，先后对工作人员进行推搡并殴打，周围人员立即报警。

在派出所，三名乘客对自己殴打他人的行为供认不讳。经医院诊断，卢某头面部、颈部、胸部多处软组织挫伤。根据《中华人民共和国治安管理处罚法》第四十三条第一款的规定，因殴打他人，冯某被警方处以行政拘留七天并处二百元罚款，曲某、褚某分别处以行政拘留三天的处罚。

三、非法干扰行为的处置原则

在飞行中，对非法干扰航空安全的行为，机长可视情节予以劝阻、警告，并决定对行为人采取管束措施、中途令其下机等必要措施。管束措施是指机长指令航空安全员及其他机组人员（必要时可请求乘客协助）对非法干扰行为人实行看管、强制约束以使其不能继续实施非法干扰行为。

1. 非法干扰行为的处置原则

航空器在飞行中遇到特殊情况时，乘务长、安全员必须尽快制止乘客的过激行为以免事态的扩大；立即将事件发生的情况向机长报告，向机长请示处置的方法；根据乘客情绪采取有效的预防措施，避免乘客和机组人员受伤。机长对航空器有最后处置权。

需要移交地面处理的，要及时搜集证据。乘务长应从目击者中获得相关证据，填写机上事件报告单，请目击者在事件报告单上签字。

（1）取证对象

当事人：非法干扰行为人及权益受侵害人。

证人：事件知情人，主要为航空公司工作人员、乘机乘客。

（2）证据种类

当事人陈述：当事人身份基本情况、座位号、联系方法、事件经过。

证人证言：证人身份基本情况、事件经过情况、证人在事件过程中所处具体位置、联系方法。

书证：应及时向知情乘客发放书写"亲笔证言"的纸张。

物证：收集物证等证据。

航空器落地后，应将非法干扰行为人及时移交当地机场公安机关，并办好交接手续，以备必要时追究当事人的法律责任。

2. 飞机上有下列违法行为的人员应将其交执法部门处罚

（1）在飞机运行中对执行航班任务的机组人员或乘客进行暴力侵害或威胁，或对飞机安全造成危害的行为；

（2）在飞机运行中吸烟，不听劝阻者；

（3）打架、酗酒、寻衅滋事；

（4）盗窃机上设备或别人财物；

（5）故意损坏或擅自移动救生物品和设备；

（6）危及飞行安全和扰乱飞机内秩序的其他行为；

（7）故意提供已知的错误信息，导致飞机飞行中断，或使飞行安全受到危害及不良影响的行为；

（8）在飞行中使用不准使用的任何通讯载体、电子玩具、仪器、设备，对飞行安全或飞机操纵构成危害或影响，不听劝告的行为；

（9）携带管制刀具、武器、危险品或易燃、易爆物品登机的行为；

（10）无登机客票或登机凭证登机的行为。

3. 登机前声称劫机、有爆炸物行为的处置

对进入机场后、未登机前，在候机楼、机坪、摆渡车、登机廊桥处戏称要劫机、有爆炸物的非法干扰的处置：

（1）获悉有人声称要劫机、炸机或有爆炸物的信息后，立即报告机场公安机关。

现场有防爆装置的，应将"爆炸物"迅速放入；现场没有防爆装置的，不要擅自处置，直至公安人员到来。

（2）公安人员到达现场后首先应初步检查声称者的身体及其行李是否有武器、爆炸物、管制刀具等危险物品，并视情况疏散乘客。

（3）如声称者的行李已进入航空器，则应迅速查找，将其卸下并将其撤离航空器，必要时将航空器隔离。

（4）由于可能遇到爆炸物，除公安部门外，其他人员不得检查声称者及其行李。

（5）在未判明情况是否属实之前，将有关人员撤离到安全地带。

4. 客舱内声称劫机或有爆炸物行为的处置

（1）判明真伪

机组或其他工作人员遇到客舱内有人称要劫机或有爆炸物时，首先要辨明真伪。如行为人确有劫机、炸机等破坏行为，或者情况难以辨明时，应及时报告机长，按照处置劫炸机工作预案进行处置。

（2）在起飞前发生的处置程序

①机组成员应对行为人及其行李物品予以监控。如行为人有随行者，同时注意监控其随行者。

②报告机场公安机关，由公安人员登机处理。

③对乘客讲明情况，稳定乘客情绪，防止事态扩大。

④动员知情乘客配合公安机关调查取证，或提供亲笔证词。

5. 强行登占航空器拒不下机的处置

如果有不按所购机票指定的航班登机，或不按登机牌规定的座位对号入座，经民航地面或机上服务人员指出、劝阻，拒不改正的人员，机组应及时报告机场公安机关，由公安人员登机处理。

6. 客舱内酗酒滋事、性骚扰、打架斗殴等扰乱秩序行为的处置

飞行中如果发现酗酒滋事者、打架斗殴者，应责成其同行者予以控制。如无同行者或同行者控制不了的，安全员可报请机长同意，对其采取临时管束措施，落地后交机场公安机关处理。

飞行中，对性骚扰、争抢座位（行李架）、打架斗殴者，机组应视情况调整当事人的座位，避免发生冲突。

飞行中如果发生非法案件直接威胁机组、乘客人身安全、飞行安全或无法制止事态发展时，安全员应报请机长同意，对当事人采取临时管束措施，等飞机降落后移交机场公安机关处理。

7. 飞行中违反规定使用电子设备、开启或损坏应急救生设备等危及安全行为的处置

在飞行中违反规定包括：使用移动电话、对讲机、游戏机等电子设备；偷盗、违反规定开启或损坏机上应急救生设备；未经许可进入驾驶舱或企图打开驾驶舱门；在洗手间内吸烟；殴打机组人员。

（1）在机上违反规定使用电子设备的处置

在飞行期间，当机长发现存在电子干扰并怀疑该干扰来自机上时，客舱乘务员和安全员应立即进行客舱巡查。

当发现违反规定使用电子设备的乘客时，客舱乘务员应立即进行劝阻。如果乘客不听劝阻，乘务员提出警告；仍坚持不改者，对其设备可以暂时予以扣押、保存。

（2）偷盗、违反规定开启或损坏机上应急救生设备的处置

机上应急救生设备，包括紧急脱离航空器的舱门、梯等设施，供救生脱险用的救生衣、救生艇、灭火器、急救包箱，供报警呼救用的设备物品等。

对于偷窃、故意损坏应急救生器材设备的，应及时采取措施，并将行为人及相关证据移交公安机关处理。

对于无意触碰、开启机上应急救生设备的，客舱乘务员应及时制止。未造成后果的，可对行为人进行教育；致使设备损坏、造成严重后果的，应采取补救措施，并及时收集有关证据，移交公安机关依法处理。

客舱乘务员在乘客登机后应进行必要的广播，对机上应急设备进行经常性检查，要注意及时收集非法行为证据。

（3）未经许可进入驾驶舱或企图打开驾驶舱门的处置

机组人员发现乘客企图打开驾驶舱门时，应立即予以制止，并说明有关规定。

对不听劝阻企图强行进入者，安全员或其他机组人员应当立即将其制服，并采取管束措施，飞机降落后移交机场公安机关处理。

（4）在洗手间内吸烟的处置

根据规定，乘坐中国民航班机，禁止在机上吸烟。凡违反此规定者，机组人员应立即予以制止，并立即检查洗手间，消除火灾隐患。对不听劝阻者，应收缴其烟具予以暂时扣押，收集证物，并进行必要的证人、证言记录，待飞机降落后，交机场公安机关处理。

（5）殴打机组人员的处置

当发生殴打机组人员事件时，安全员应立即制止；对不听制止者予以制服，并采取管束措施；飞机降落后，移交机场公安机关处理。

（6）法律依据

《中华人民共和国民用航空法》、《中华人民共和国民用航空安全保卫条例》、《公共航空运输承运人运行合格审定规则》（民航总局第 83 号令）第 127 条、《民用机场和民用航空器内禁止吸烟的规定》（民航总局第 71 号令）。

第四节　航空器内发现爆炸装置的处置

发现爆炸（可疑）装置应立即报告（爆炸装置描述、部位及处理意见），并根据地面指令和在有关专家的指导下慎重行动。

一、发现爆炸装置的处置原则

（1）如果发现爆炸（可疑）装置应将其由"高危险"（驾驶舱或有基本设施）区域移到使航空器受危害程度最小的"低危险"区域（一般临近右后舱门）位置。注意不要打开可疑的容器和截断绷紧的弦或带子。移动时要慢、要小心，注意保持可疑装置的原来状态。

（2）如果可疑装置无法从发现的地方移开时，或在"低危险"区域发现，或已转移到"低危险"区域时，应注意将乘客有序地撤离该区域。

（3）切断该地区的基本电源，保证该装置尽可能稳固。为减少爆炸冲击波和碎片，应使用干燥、柔软的物质将可疑装置包起来，最后包上潮湿的毯子。同时准备好灭火瓶和防烟罩。

二、飞行中危险物品溢出或渗漏的处置

（1）发现危险品溢出或渗漏，应立即报告机长，并迅速采取防护措施。

（2）查找危险品携带者，指出其危害，并请其提供危险品的名称、数量、性质及处理方法。组织撤离危险物附近部分乘客，分发湿毛巾等作防护。在触摸危险物品前戴好手套并用聚乙烯袋（垃圾袋）包裹手套，用吸水纸（如手纸）、座椅套、靠背枕套等吸干溢出物。

（3）把危险品放入聚乙烯袋，保证此物直立或渗漏的部位在顶部，适当扎紧袋口，并挤出空气，将其直立放入纸箱，搬入远离驾驶舱的厨房或厕所固定牢靠，并锁闭门。

（4）处理污染物和处理危险品相同。先将地毯、地板上的渗漏物吸干，再用聚乙烯袋盖住。如果覆盖后的地毯仍在冒烟，应卷起来放入垃圾袋内，扎好袋口放于后厕所。

（5）处理危险品或污染物溢出、渗漏而引起冒烟或起火时，应戴密封式呼吸装置。

三、各机型的最小风险区爆炸物放置处

1. 波音飞机

波音 737、747、757、767 系列下的所有机型，均在右后服务舱门；波音 777 系列下的所有机型，均在右后客舱门。

2. 空中客车飞机

空客 300、320、340、319、321 系列下的所有机型，均在右后客舱门。

3. 双水獭、冲 8 飞机（加拿大）

DHC-7 机型在右后行李舱门；DHC-8-100、DHC-8-200、DHC-8-300 机型在左后行李舱门；DHC-8-400 机型在右后服务舱门；CRJ-200、DHC-700、CL-600-2-B19、CL-600-2C10 机型在右厨房服务门；I-1011 机型在下厨房服务门或右货舱门。

第五节 非法劫持航空器

非法劫持航空器是指在飞行中，任何人用武力劫持机组人员或机上其他乘客，或以武力相威胁，或用恐吓等其他任何方式，企图非法劫持或控制该飞机，或要求机组操纵飞机改变或偏离预定的飞行航线及所到达目的地的非法行为。

一、非法劫持航空器的分类

（1）以反社会为目的，劫持航空器，撞击重要目标，制造重大事件，造成机毁人亡的自杀性恐怖活动；

（2）以政治要求为目的，劫持航空器，要挟党和政府的恐怖活动；

（3）以经济要求为目的，劫持航空器，要挟党和政府的恐怖活动；

（4）以破坏国家安全为目的，劫持载有关系国家安全的重要人员的航空器的恐怖活动。

二、对劫机犯的处理

根据《中华人民共和国刑法》关于对劫机犯的定义和处罚：以暴力、胁迫或其他

方式劫持民用航空器的，处予十年有期徒刑或无期徒刑，致人重伤、死亡或者使航空器遭受严重破坏者，处死刑。

劫持飞机的事件始于 20 世纪 30、40 年代，据可查到的资料，世界上第一起劫机事件发生在 1932 年的秘鲁，几名失败的"革命者"劫机逃走。事隔 15 年以后，即 1947 年发生了第二起劫机事件，一名保加利亚的叛逃分子劫持该国飞机逃往西欧。1948 年 7 月，亚洲发生第一起劫机事件。4 名劫机者登上从澳门飞往香港的航班，驾驶员和副驾驶员遭杀害，飞机最终坠入海里，机上 25 人全部遇难。到了 20 世纪 60 年代末，危害国际航空安全的非法行为开始蔓延开来。仅 1969—1971 年，发生的劫机事件就有约 240 起；1969—1977 年，全世界发生劫机事件 550 起。1970 年 9 月发生了一起 20 世纪的最大劫机案———巴勒斯坦人民阵线游击队在一天之内劫持了 4 架飞机，轰动了世界。人们开始对劫机及其后果给予严重的关注。与劫持飞机同时出现的，还有毁坏飞机及航行设备的犯罪活动，最典型的就是在飞机上安置炸弹，造成机毁人亡，后果比劫机更为严重。可怕的是一些国际恐怖主义也加以利用，以达到其特定的目的，宣扬其政治宗旨。不断发生的劫机事件严重地威胁着国际航空的安全。如何应对日益增多的危害国际民航安全的非法行为，不仅是一个迫切需要解决的实际问题，也是国际法上出现的一个新的亟待解决的理论问题。随着危害国际民航安全活动的猖獗，国际社会反对危害国际民航安全的呼声日益高涨。

案例一

1970 年约旦劫机事件

1970 年 9 月 12 日，巴勒斯坦恐怖分子劫持了英国、美国、瑞士的 3 架飞机，飞机在约旦着陆，他们要求释放瑞士、德国和以色列的犯人。另一个被劫持的泛美航空公司的大飞机，在埃及境内爆炸，同时以色列的一架飞机也被劫持了，不过最后以捕获了劫机者（其中包括女恐怖主义头目蕾拉·哈莱德）而告终。300 多名人质在沙漠中咬牙支撑生命。

9 月 12 日 5：00，已经超过"人阵"最初给西方政府规定的最后期限 48 小时了。最后通牒规定了在约旦道森机场被劫持的不同国籍的人质的释放条件。释放英国人的条件是交换蕾拉·哈莱德，她是一个巴勒斯坦恐怖主义者，在一次失败的劫机中在希思罗机场被俘，她还未被指控；如果释放 6 个最近被定罪的恐怖主义者，瑞士和德国人就可获得自由；美国人的交换条件是 50 个在以色列囚禁的巴勒斯坦战士（费达因）。如果不这样，"人阵"威胁说将开始杀害人质。以首相爱德华·希思为领导的英国政府决定对这些要求进行单独谈判。

　　9月12日15：00，约旦地面局势不稳定。恐怖主义者炸毁了全部的3架飞机，随后机场跑道被约旦军队包围。在经历了小心的最初对巴勒斯坦人的支持后，约旦国王侯赛因发现巴勒斯坦逐渐增长的实力将威胁自己的政权，他们在试图控制约旦的一些地方。恐怖主义者决定通过展示武力来强调他们的要求。人质减少了，255人被释放，还被扣留的56人被转移到了秘密的地方。然后3架飞机全部被炸毁，此后这刺激的景象在全世界进行了电视转播，沙漠里冒着汹涌的黑烟。

　　9月13日19：00，阿拉伯的BBC广播了英国政府将用哈莱德交换人质的消息。以色列人愤怒了：他们的言论被禁止，他们相信这种明显的妥协将会使恐怖主义活动更加猖獗。8天后，侯赛因国王发布消息，他希望以色列轰炸进入约旦支持巴勒斯坦的叙利亚军事力量，但是他们不直接参与。月底，哈莱德同其他6个从欧洲监狱放出来的人一起被放到贝鲁特，最后的一拨机上人质被释放了。

案例二

"9·11"事件经过

　　美国东部时间2001年9月11日早晨8：40，4架美国国内民航航班几乎被同时劫持，其中两架撞击位于纽约曼哈顿的世界贸易中心，一架袭击了首都华盛顿美国国防部所在地五角大楼。而第四架被劫持飞机在宾夕法尼亚州坠毁，据事后对参与策划袭击的恐怖分子进行审问的结果表明，恐怖袭击的第四个目标是国会大厦。

　　纽约世界贸易中心的两幢110层摩天大楼在遭到攻击后相继倒塌，除此之外，世贸中心附近5幢建筑物也受震而坍塌损毁；五角大楼遭到局部破坏，部分结构坍塌。

　　在"9·11"事件中共有2998人罹难（包括失踪者，不包括19名劫机者）：其中2974人被官方证实死亡，另外还有24人下落不明。罹难人员名单中包括：4架飞机上的全部乘客共246人，世贸中心2603人，五角大楼125人。共有411名救援人员在此事件中殉职。这次事件是

图2.1　美国"9·11"恐怖袭击事件

人类历史上迄今为止最严重的恐怖袭击事件。

案例三

卓长仁劫机案分析

案情：

1983 年，从沈阳机场运载 105 名乘客飞往上海的中国民航 B-296 号班机，自沈阳东塔机场起飞后，被机上乘客卓长仁、姜洪军、安卫建、王彦大、吴云飞和高东萍等 6 名持枪歹徒采用暴力和威胁的方式劫持。他们用枪射击驾驶舱门锁，破门闯入驾驶舱后，对舱内人员射击，将报务员王永昌和领航员王培富击成重伤，威逼机长王仪轩和副驾驶员和长林改变航线。他们用枪顶着机长的头并威胁乘客要与全机同归于尽，还强行乱推驾驶杆，使飞机在颠簸倾斜、忽高忽低的状态下飞行，严重危及着飞机和全机人员的安全。飞机被迫在我国渤海湾、沈阳、大连和丹东的上空盘旋后飞经朝鲜人民共和国，又飞入了韩国领空，被韩国 4 架鬼怪式战斗机拦截，迫降在该国的春川军用机场。飞机降落后，罪犯们又控制飞机和机上人员长达 8 小时之久，最后向韩国当局缴械并受到拘留。

韩国安排我国被劫持的 B-296 号民航飞机的机组成员和乘客顺利返回中国，并将航空器交还给中国。7 月 18 日，汉城地方刑事法院开始审判。经审理后法院作出判决，判处卓长仁、姜洪军有期徒刑 6 年，安卫建、王彦大有期徒刑 4 年，吴云飞和高东萍有期徒刑 2 年。

问题：

（1）韩国对中国被劫持的 B-296 号民航飞机、机组人员及其乘客所采取的措施是否符合《海牙公约》的规定？

（2）韩国拒绝引渡卓长仁等罪犯是否违反国际法？为什么？

（3）中国请求引渡卓长仁等的根据是什么？

答案：

（1）符合。根据《海牙公约》第九条。

（2）韩国拒绝引渡卓长仁等罪犯不违反国际法。因为关于劫机犯的引渡，《海牙公约》规定非法劫持航空器的行为应视为可引渡的罪行，但并未规定缔约国之间的引渡人犯之义务。当时，我国与韩国均为《海牙公约》的缔约国，但两国并无外交关系和缔结引渡条约，因此韩国可以自主决定是否将劫机犯引渡给中国。

（3）中国请求引渡卓长仁等罪犯的根据是《海牙公约》第四条，我国是被劫飞机的登记国和罪犯的国籍国，对他们的罪行有管辖权。

解题思路：

本案所涉及的国际法问题有两个：一是对被劫持的航空器、机组人员和乘客的保护问题；另一个是对非法劫持航空器行为的管辖、惩治和引渡问题。

评析这两个问题都离不开非法劫持航空器的罪行的确定。不论各国内法对非法劫持航空器的行为如何定罪，国际法非法劫持航空器的行为是指 1970 年《关于制止非法劫持航空器的公约》（以下简称《海牙公约》）第一条规定的行为：

"凡是在飞行中的航空器内的任何人：（一）用暴力或用暴力威胁，或用任何其他恐吓方式，非法劫持或控制该航空器，或企图从事任何这种行为，或（二）是从事或企图从事任何这种行为的人的同犯，即犯有罪行。"

按《海牙公约》第三条第一款规定，所谓"飞行中"是指自航空器装载完毕、机舱处各门均已关闭时起，直到打开任一机舱门以便卸载完毕为止。航空器被迫降落时，应被认为仍在飞行中。另外，该公约规定仅适用在其内发生罪行的航空器的起飞地点或实际降落地点是在该航空器登记国领土以外，不论该航空器是从事国际飞行还是国内飞行。对于被非法劫持的航空器及其内的机组人员和乘客，依公约规定航空器的降落地国应予保护。公约第九条规定：缔约国应采取一切适当措施以恢复或维持合法机长对航空器的控制。

对航空器、乘客或机组人员的继续旅行提供方便，并应将航空器和所载货物不迟延地交还给合法的所有人。韩国使我国被劫持的 B-296 号民航飞机的机组成员和乘客顺利返回中国，并将航空器交还给中国。所以应得结论，韩国是严格遵守了《海牙公约》规定的。关于对非法劫持航空器罪行的管辖、惩治和引渡罪犯问题，《海牙公约》也作了规定。按公约第四条规定，航空器的登记国对在该航空器内发生的犯罪具有管辖权；航空器降落时被指称的罪犯仍在该航空器内，则降落地国有管辖权；罪行是在租来时不带机组的航空器内发生的，而承租人的主要营业地国有管辖权，若承租人没有主要营业地国则他的永久居所地国有管辖权。发现罪犯在其领土内的国家若未将罪犯引渡给有管辖权的国家，它应行使管辖权。

其他国家可按照本国法律行使任何刑事管辖权。公约规定的管辖权相当广泛，含有普遍管辖的因素。公约的第六条和第七条规定：罪犯或被指称的罪犯所在的缔约国在判明情况认为有必要时应对该人实行拘留，并应立即对事实进行初步调查以及把拘留情况立即通知航空器的登记国、航空器承租人的主要营业地国或永久居所地国和被拘留者的国籍国以及其他有关国家，并说明其是否意欲行使管辖权。罪犯所在地国如不将其引渡，则应将此案提交其主管当局以便起诉。该当局应按本国法律以对待任何严重性质的普通罪行案件的同样方式作出决定。如果缔约国间是以引渡条约作为引渡的条件，而它们又未订有条约时，可以自行决定以本公约为对该罪行进行引渡的法律根据。但公约并未加诸缔约国引渡义务。

根据公约的上述规定，中国是 B-296 号航空器的登记国，对劫持该航空器的罪行有管辖权，我国当时虽未与韩国建立外交关系，但由于我国和韩国同是 1970 年《海牙公约》的缔约国，因而有权向韩国请求引渡卓长仁等六名罪犯。由于韩国是航空器的降落地国，且该航空器降落时，卓长仁等六名罪犯仍在机内，因此它也有管辖权。韩国对中国没有引渡罪犯的义务，对我国的请求予以拒绝，由其主管机关进行处理也是符合《海牙公约》和国际法的引渡规则的。韩国对罪犯处理的不足之处是刑罚偏轻。

按《海牙公约》规定，罪犯的发现国如不引渡给他国，应由其主管机关起诉，且该主管机关应按照本国法律，以对待任何严重性质的普通罪行案件的同样方式予以判决。这就是说对劫机犯应科以严厉的刑罚。

思 考 题

1.《东京公约》、《海牙公约》、《蒙特利尔公约》三大公约确立了国际民航安全制度，假设甲、乙两国均为三公约的缔约国。甲国公民丙因在甲国涉嫌诈骗罪犯罪而出逃，在甲国劫持其所乘坐的飞机企图飞往丁国，由于油料不足被迫在乙国某机场降落。关于对丙的处理，下列说法正确的是：

（1）因为被劫持的飞机和肇事者丙均为甲国国籍，因此关于本案，除非甲国同意，否则其他国家没有管辖权。

（2）因甲、乙两国均为公约缔约国，乙国对甲国提出的引渡请求无权拒绝。

（3）假如乙国拒绝了甲国的引渡请求，则应在乙国对丙以严重的普通刑事案件进行起诉。

（4）假如丙后来又通过偷渡成功逃到丁国，由于该劫机行为并未危害丁国利益，则丁对其劫机行为无管辖权。

2.《东京公约》关于机长权力的论述是什么？

第九章 客舱应急处置

本章提示

　　安全与服务是航空企业生存之本，提高服务质量、保证客舱安全是长期不懈的工作，也是一个航空公司赢得更多乘客的品牌。每一次飞行，飞机都要经过由起飞到降落等一系列复杂的过程，由于飞行的特殊性，使得飞机上很多不安全因素都有可能导致失控的危险。客舱安全是飞行安全的重要组成部分，乘客对客舱乘务员寄予很高的期望，当飞机上发生应急情况时，要求乘务组能作出迅速的反应，由为乘客服务的角色转入保护乘客安全的角色。通过本章的学习，学生应了解应急处置的基本原则和基本知识，掌握客舱乘务员应急情况下的职责，并能熟练掌握应急情况下的中英文广播。

第一节　应急处置的基本知识

一、应急处置的基本原则

　　应急处置的基本原则是：客舱乘务组听从机长指挥，根据客舱情况迅速正确地作出判断，乘务员在乘务长的组织指挥下团结协作、沉着冷静，维持客舱秩序，准备应急处置措施。

二、应急撤离的组织工作与职责

1. 机长职责

机长对飞行安全负有主要的责任，对飞行安全具有绝对的指挥权，机上人员必须服从机长指挥。机长是机上应急撤离行动的决策者和责任者，负责下达应急撤离行动过程中的各种行动指令。

机长主要职责有：

（1）指挥、协调机组成员的行动，确定应急情况的性质和客舱准备所需时间；与客舱乘务长进行沟通，广播通知乘客有关应急情况的性质，并把应急撤离计划通知空中交通管制部门，请示救援。

（2）在迫降前 500 英尺（约 150 米）时，广播通知乘务员飞机即将接地（水），在迫降前 50 英尺（约 15 米）时，通知全体人员采取防冲击安全姿势。

（3）负责最后的客舱检查工作，确保飞机上无人后，离开飞机。

2. 机组成员职责

世界各地曾发生过各种空难事故，其中有许多成功处置的典范。多数的乘客无法在没有机组人员指导和帮助的情况下迅速逃生。成功处置应急撤离事件的关键在于全体机组人员，尤其是客舱乘务员在机长指挥下完成撤离的能力。这需要每个机组人员训练有素：

（1）明确职责（在各种迫降事件中，机组的基本职责都是相同的）

防止撞击——使机组和乘客在迫降后生存；

撤离飞机——命令机组和乘客在迫降后迅速撤离飞机；

维持生存——使迫降中的幸存者获得保护和救助。

（2）密切配合

机组间应尽力密切配合，引导全体乘客撤离飞机。

（3）寻求帮助

在超出自己能力范围的情况下，寻求其他机组成员的帮助。也可以寻求乘客的援助，让援助者协助机组成员完成准备和撤离。

（4）运用程序

应用应急撤离程序，有利于在处置事故时充分发挥能力，提高处置事故的效率。

3. 及时报告

（1）任何乘务员发现异常情况要及时报告机长

如果没有把握判断所观察到的客舱发生的状况是否危及安全，可以将疑虑报告乘务长。飞行中遭遇以下的情况可能会导致飞机最终采取迫降措施，必须报告机长：

①严重的结构性损伤，机体破损；

②威胁性起火或烟雾；

③水上迫降；

④发动机周围漏油；

⑤异常声响和撞击；

⑥其他严重影响安全的情况（炸机、发现危险品等）。

（2）任何乘务员发现以上任一紧急情况后，应按以下原则及时报告机长

①在滑行、巡航高度（空中平飞阶段）、下降时发生紧急情况，立即报告。

②起飞或爬升阶段，待安全带灯熄灭后，立即报告。

③最终进近与着陆，待飞机滑出跑道后，立即报告。

（3）乘务长或乘务员应采取以下步骤报告

①使用内话机，紧急呼叫驾驶舱或直接进入驾驶舱；

②报告所发生情况的类型、位置和程度；

③听取机长的指示，并采取进一步措施或行动；

④乘务长保持与机长的联络，一旦情况出现恶化，立即进行迫降前的准备，直至实施撤离程序。

4. 紧急通讯

应急情况下应保证驾驶舱和客舱的通讯畅通和信息准确。

（1）机长在应急情况下的首要职责是组织撤离，并且将意图准确地传达给客舱乘务员，以便应付各种情况，组织有准备或无准备的撤离。

（2）机长通知客舱人员发生应急情况的最佳方式是向客舱进行广播，机组间的应急通讯可以通过信号灯或紧急呼叫系统等。

三、应急撤离的决定

应急事件的类型、决定、沟通与协调的手段或指令可来自客舱广播、麦克风、撤离警告声，甚至是口头指令，机组人员听清指令确定是否有必要应急撤离。一旦已作出要应急撤离的决定，机长应立即发出撤离指令，全体机组成员必须密切合作，以确保撤离的成功。

1. 机长决定的应急撤离

（1）在接到预先安排的应急撤离信号或者听到撤离广播"全体乘客立即（从左/右侧）撤离"时，机上人员立即解开安全带，进行应急撤离。

（2）若没有来自驾驶舱的指令，乘务员立即解开安全带，乘务长/前舱乘务员立即联络驾驶舱，协调是否需要应急撤离（为机长提供机体结构性损伤、起火等信息）。

2. 乘务员决定的应急撤离

乘务员在飞机停稳30秒内未接获任何指令或者发生以下最严重情况的任何一种时，乘务员才可以决定应急撤离：

（1）严重的结构性损伤，机体破损；

（2）威胁性起火或烟雾；

（3）水上迫降；

（4）发动机周围漏油。

3. 不需要撤离

当机长决定不撤离时，乘务员会收到机长的广播指令。

通常不需要撤离的情况是飞机着陆后安全，不会危及机上人员的安全。

4. 控制乘客情绪

为防止可能出现的恐慌局面，乘务员必须在飞机停稳后迅速控制客舱中乘客的情绪：

（1）需要撤离，大声呼喊："解开安全带！不要动！" "Fasten seatbelt, do not move." 而后立即组织撤离。

（2）不需要撤离，大声呼喊："镇静，留在原位坐好！" "Do not panic, keep you seated!"

四、应急撤离的基本知识

1. 撤离口的选定

根据机长的指示和周围环境以及飞机着陆（水）的姿态，决定哪些出口可以使用，哪些出口不可以使用。

（1）正常陆地迫降

所有出口均可使用，见图9.1。

（2）前轮和主轮全部折断

翼上出口不能使用，因发

图9.1 正常陆地迫降，所有出口均可使用

动机触地，可能引起火灾，见图9.2。

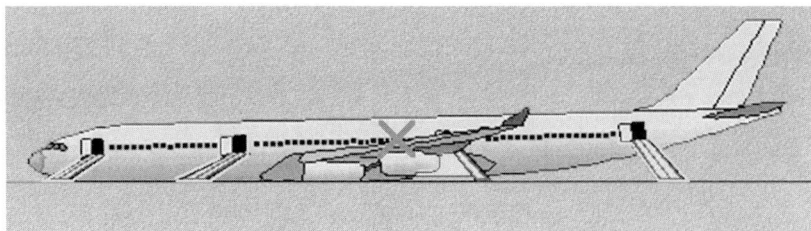

图9.2　前轮和主轮全部折断，翼上出口不能使用

（3）前轮折断

所有出口均可使用，但要根据后机门离地面高度决定。滑梯如果不能着地，则该滑梯不能使用，见图9.3。

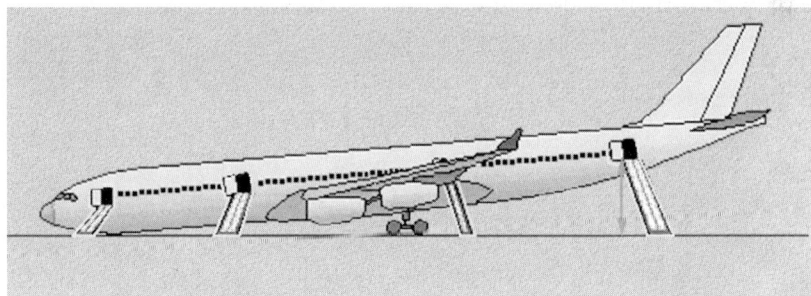

图9.3　前轮折断，所有出口均可使用

（4）飞机尾部拖地

所有出口均可使用，但要根据前机门离地面高度决定。前滑梯如果不能着地，则该滑梯不能使用，见图9.4。

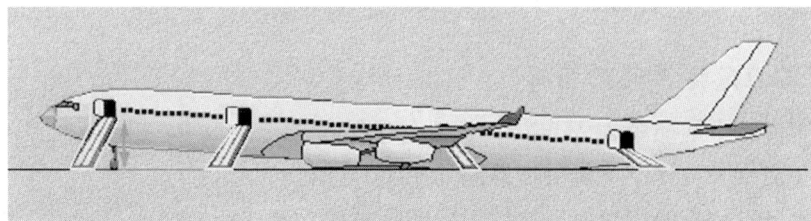

图9.4　飞机尾部拖地，所有出口均可使用

（5）飞机侧趴，主轮一侧折断

靠地面一侧的机翼出口不能使用，因发动机触地可能引起火灾，见图9.5。

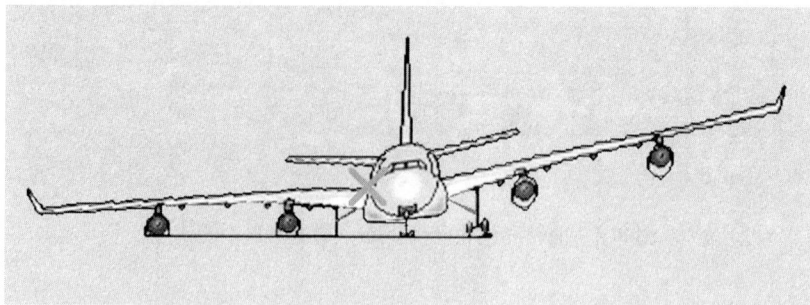

图9.5　飞机侧趴、主轮一侧折断，靠地面一侧的机翼出口不能使用

（6）水上迫降

机翼出口一般不使用，其他出口要视飞机浸水情况而定，见图9.6。

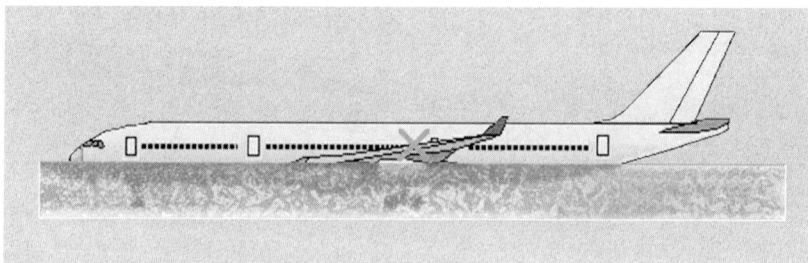

图9.6　水上迫降，机翼出口一般不使用

2. 应急情况时的指挥

（1）飞机上全体人员，必须听从机长的指挥；

（2）如果机长失去指挥能力，机组成员和机上人员按机上指挥权的接替规定下达命令。

3. 客舱应急撤离时的指挥

（1）乘务长下达命令；

（2）一名乘务员先下飞机负责地面（水上）指挥；

（3）乘务员打开舱门后要迅速拉人工充气手柄，然后用双臂封住出口，判断滑梯/救生船的充气状况，充气完毕迅速指挥乘客撤离；

（4）如果所负责的门和出口不能使用，应迅速指挥乘客到其他出口撤离；

（5）陆地撤离时指挥乘客"一个接一个跳、滑"，水上撤离时指挥乘客上船前将救生衣充一半的气。

4. 救生船的撤离顺序

（1）一般情况下 L1 门船和尾部舱门船最先撤离；

（2）R1 门船最后撤离，见图 9.7；

（3）其他各船上满人后即可撤离。

图 9.7　R1 门船最后撤离

5. 逃离方向的选择

（1）陆地撤离应选择在风上侧躲避，远离飞机至少 100 米，见图 9.8。

图 9.8　陆地撤离的逃离方向选择

（2）水上撤离应选择在风下侧，离开燃油区和燃烧区，见图9.9。

图9.9　水上撤离的逃离方向选择

6. 跳滑梯的姿势

（1）正常人从滑梯撤离，应双臂平举，轻握拳头，或双手交叉抱臂，从舱内跳出，落在滑梯内时手臂的位置不变。双腿及后脚跟紧贴梯面，收腹弯腰直滑到梯底，站起跑开，见图9.10。

（2）抱小孩的乘客，把孩子抱在怀中，坐着滑下飞机。儿童、老人和孕妇也应坐着滑下飞机，但在滑梯上的姿态与正常人相同。

（3）伤残乘客，根据自身的情况，坐在滑梯上或由援助者协助坐在滑梯上撤离。

7. 撤离时间

（1）陆地撤离时间为90秒，此时间是从飞机完全停稳到机上最后一个人撤离为止；

（2）水上撤离最多为20分钟，最少为13分钟，机上人员必须在13分钟内撤离完毕。飞机在水面上漂浮的时间最长不会超过60分钟。

图9.10　正常人跳滑梯的姿势

第二节　应急撤离/迫降

一、有准备的应急撤离

有准备的应急撤离指从发生应急情况到飞机着陆前有 10 分钟以上的准备时间。

有准备的应急撤离可以发生在陆地，也可能在水上进行。水上撤离是指飞机在可控制的状况下，在水面着陆。因此使用漂浮设施对水上撤离至关重要。

（1）乘务长从驾驶舱获取应急撤离的信息，包括应急情况的性质、采取的着陆方式、准备的时间、撤离形式、防冲击姿势的信号等。

（2）乘务长用内话机或召集客舱乘务员，把信息传达给每位乘务员，并确认每位客舱乘务员的撤离岗位及职责。

（3）乘务长及客舱乘务员落实以下职责

①广播通知乘客应急撤离的决定，并做好安置工作；

②检查每位乘客坐好并系好安全带；

③收直座椅椅背、扣好小桌板、收起脚踏板；

④关闭厨房电源及娱乐系统；

⑤选择援助者，调整乘客座位；

⑥广播介绍撤离出口及撤离路线；

⑦检查乘客取下锐利物品；

⑧广播并示范防冲击姿势；

⑨检查并固定厨房设备，清理出口和通道；

⑩做好乘务员自身的准备；

⑪确认乘务组准备工作完成后，报告乘务长；

⑫乘务长报告机长："乘务组和客舱准备工作完毕。"

（4）防止冲撞

当飞机下降到 500 英尺时，机长广播，乘务员必须坐在值勤位置，系好安全带和肩带。

当飞机下降到 100～50 英尺时，机长广播，乘务员高喊"紧迫用力"、"BRACE"的口令，并做好防冲击姿势直至飞机完全停稳。

（5）当飞机着陆（水）停稳后，机长宣布"撤离"命令，如果广播系统失效，"撤离警告"鸣响或"应急灯"亮，乘务员应立即组织乘客撤离。

①判断飞机完全停稳，观察外面情况，"无烟、无火、无障碍"，确认滑梯预位，打开所需要的舱门和出口；

②检查滑梯充气状况，指挥乘客撤离，远离飞机；

③乘客撤离完毕，乘务员、乘务长检查客舱后报告机长，随之撤离飞机；撤离时带好必需物品。

（6）撤离飞机后

①指挥乘客远离飞机直至安全距离之外；

②清点乘客和机组成员人数，报告机长；

③组织救治伤者；

④使用求救设备；

⑤如果可能的话，设置一名人员负责警卫以确保邮件、包裹或飞机的各部分不受干扰。

（7）水上迫降除完成上述工作外，还要完成下列任务

①广播、示范、协助乘客穿好救生衣；

②离开飞机时或上船前给救生衣充气；

③机上人员全部离开飞机后，释放救生筏；

④营救落水者；

⑤联结救生筏并固定位置。

二、有限时间准备的应急撤离

当准备时间非常有限时（不足 10 分钟或更少的时间），优先次序是固定好客舱厨房设备、检查座椅靠背小桌板和不要吸烟、系好安全带、演示防冲击姿势和介绍脱离出口。

（1）乘务长从驾驶舱获取应急迫降的信息；

（2）乘务长把信息传递给每位乘务员；

（3）广播通知乘客；

（4）禁止吸烟，系好安全带；

（5）收直椅背、扣好小桌板、收起脚踏板；

（6）固定客舱厨房设备；

（7）关闭厨房及娱乐系统；

（8）广播演示防冲击姿势；

（9）水上迫降，穿好救生衣；

（10）介绍脱离出口；

（11）将准备情况报告机长；

（12）落地一刹那，得到防冲击信息时，客舱乘务员高喊"紧迫用力"、"BRACE"的口令，直至飞机完全停稳；

（13）落地后程序同有充分时间准备的应急撤离。

三、无准备的应急撤离

无准备应急撤离通常发生在飞机起飞或着陆时突发应急情况下的撤离。由于没有时间对应急事件准备，因此，客舱乘务员必须在出现第一个撞击迹象时作出反应。

（1）迅速作出判断；

（2）客舱乘务员高喊"不要动！系好安全带！""Fasten seatbelt! Don't move."口令，直至飞机安全停稳；

（3）呼叫驾驶舱机长，以协调紧急撤离，听从机长的口令；

（4）确认或打开应急灯；

（5）当驾驶员失去指挥能力时，只有在以下几种情况下乘务长可以发出应急撤离口令：

- 机体明显破损；
- 烟雾火灾无法控制；
- 燃油严重泄漏；
- 飞机进水；
- 呼叫驾驶舱没有反应（30秒内得不到回答）。

四、无准备的水上应急撤离

（1）广播通知乘客穿好救生衣；

（2）开门前观察机门外情况；

（3）开门后观察滑梯充气状况；

（4）用明确的口令指挥乘客撤离并远离飞机；

（5）撤离后执行有准备撤离的程序。

第三节　应急情况时对乘客广播

在广播和演示时，打开客舱内的所有灯光，固定好隔帘，关闭娱乐系统。

一、乘务长广播

1. 陆地/水上迫降

乘务长代表机长广播：

女士们、先生们，请注意：

现在是乘务长广播。机长已经决定采取陆地/水上迫降，对于处理这种情况，我们全体机组人员都受过良好的训练，有信心、有能力保证大家的安全。请乘客们回座位坐好，保持安静，注意听从乘务员的指挥。

Ladies and gentlemen：

This is Chief purser speaking. Further to the captain's announcement, it is necessary to make an emergency landing. Our crew members have been well trained for this kind of situation. Please keep calm and follow their instructions.

2. 收取餐具

乘务长广播：

请将餐盘和其他所有服务用具准备好，以便乘务员收取。

Pass your food try and all other service items for pick up.

3. 固定好座椅靠背/小桌板

乘务长广播：

请固定好小桌板，调直座椅靠背，系好安全带。（见图9.11）

Bring seat backs to the upright position and all tray tables. Fasten your seatbelt.

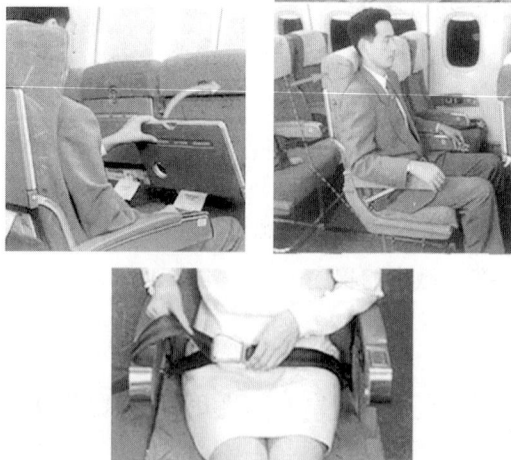

图 9.11　固定好座椅靠背/小桌板，系好安全带

4. 存放好携带物品

乘务长广播：

请把所有行李放在座位底下或行李架内。

Put all your luggage under the seat or in the overhead compartment.

5. 介绍安全说明书

乘务长广播，乘务员在客舱示范：

在您前面的座椅口袋中有安全说明书，请仔细阅读。如果有疑问请向邻座乘客询问。

Take the safety information card from the seat pocket in front of you, and read it carefully. If you can not understand it well, ask your neighbors or flight attendants.

6. 选择援助者并更换乘客座位

乘务长广播，乘务员在客舱演示：

女士们、先生们：

如果您是航空公司雇员、消防人员、军人或执法人员，请与乘务员联络，我们需要您的帮助。（见图9.12）

If you are airline personnel, fire fighter personnel, army man or policeman, please contact the cabin attendant. We need your help.

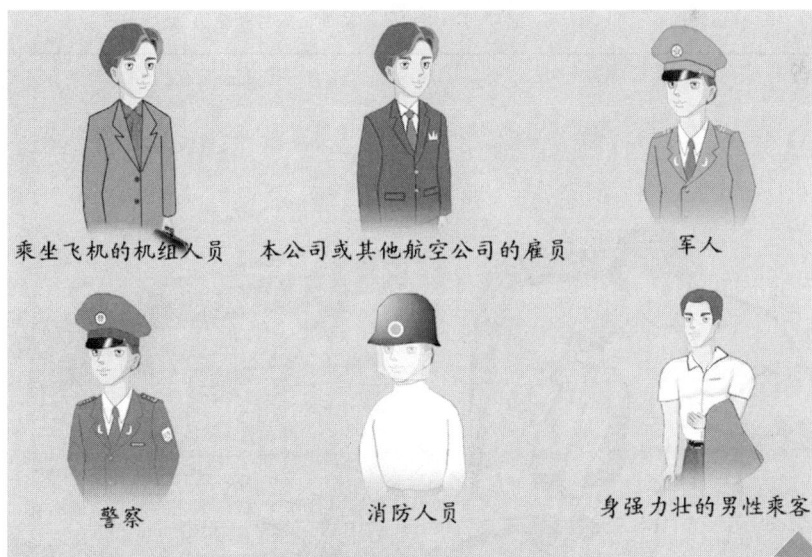

图9.12　援助者

（1）陆地迫降

乘务员向援助者说明——对援助者的要求

①坐在原位直至飞机停稳；

②面向客舱挡住乘客；

③在乘务员不能开门时，帮助打开出口；

④注意观察机舱内、外的情况（例如起火、烟雾、障碍物等）；

⑤若出口不能使用，重新指挥乘客去其他出口；

⑥介绍出口的操作方法、救生筏的充气及断开方法；

⑦如果乘务员受伤请将乘务员带下飞机，对其介绍解开乘务员安全带的方法。

表9-1　乘务员向援助者说明——援助者分工

	应急窗口	机门出口
机上援助者	1. 判断状况，打开出口；[见图9.13和图9.14（a）] 2. 站在机翼上帮助乘客撤出	在机门处协助乘务员指挥撤离
机下援助者（2名）	站在飞机下滑梯两侧，帮助保护滑下来的乘客远离飞机 [见图9.14（b）]	滑下飞机，在下面帮助滑下来的乘客，让乘客远离飞机
所有援助者	1. 在远离飞机的安全地带大声招呼乘客向这边靠拢 2. 照顾受伤的乘客，防止乘客吸烟或返回客舱 3. 确认援助者已明确任务，必要时调整他们的防冲击姿势和座位	

图9.13　应急出口处援助者打开出口

援助者1：打开门后，第一个滑下飞机，站在滑梯的一侧，抓住一边，帮助滑下来的乘客

（a）

援助者2：第二个滑下飞机，站在滑梯的另一侧，抓住另一边，帮助滑下来的乘客

（b）

援助者3：第三个滑下飞机，带领并指挥脱出的乘客向集合点集中，远离飞机

（c）

援助者4：站在脱离出口的一侧，与客舱乘务员一起指挥乘客撤离

（d）

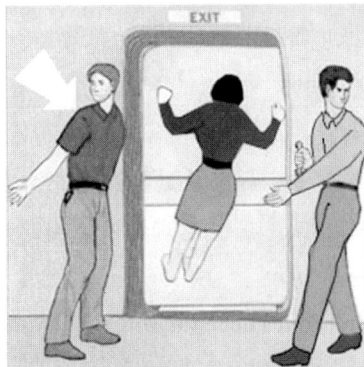

援助者5：在乘务员失去指挥能力时，代替其指挥

（e）

图9.14 陆地撤离时靠近舱门出口处的援助者

（2）水上迫降

乘务员向援助者说明——对援助者的要求

①坐在原位直至飞机停稳；

②面向客舱挡住乘客；

③在乘务员不能开门时，帮助打开出口；

④注意观察机舱内、外的情况（例如起火、水位淹没机门等）；

⑤若出口不能使用，重新指挥乘客去其他出口；

⑥介绍出口的操作方法、救生筏的充气及断开方法；

⑦如果乘务员受伤请将乘务员带下飞机，对其介绍解开乘务员安全带的方法。

表9-2　乘务员向援助者说明——援助者分工

	应急窗口——（圆形）救生船	机门出口——滑梯/救生船
机上援助者	1. 判断状况，打开出口 2. 协助抛放救生筏，确定系留绳与机体连接，拖拽救生筏使之充气 3. 站在应急窗外的机翼上，协助乘客撤出，并让乘客给救生衣充气	1. 在机门出口，协助乘务员指挥撤离 2. 让乘客给救生衣充气，避开尖锐物品
机下援助者 （2名）	1. 协助抛放救生船，将逃生绳连接于机翼 2. 上船，并协助乘客登船 3. 让乘客在船内均匀分布坐下	1. 先上救生筏，爬至船头，相对坐下 2. 坐在船头，招呼乘客靠近，安排乘客在救生筏沿内交替坐下
所有援助者	1. 在乘客撤离后，断开救生筏 2. 确认援助者已明确任务，必要时调整他们的防冲击姿势与座位	

7. 出口位置指示

（1）陆地迫降

乘务长广播：

女士们、先生们：

现在乘务员将告诉您最近的应急出口位置，这个出口可能就在您的周围，请确认至少两个以上的出口。在指定的出口不能脱出时，请尽快转移到其他出口。

Ladies and gentlemen：

Now, the cabin attendant will show you the location of the nearest emergency exits that may be around you. Please locate at least two of them. If that exit cannot be used, please quickly move to another one.

乘务员在客舱演示：

客舱共有6/8个应急出口，2个在前，2/4个在中间，2个在后面。

（2）水上迫降

乘务长广播：

女士们、先生们：

现在乘务员将告诉您最近出口的位置，这个出口可能就在您的周围，请确认至少两个以上的出口。应急撤离时，请从最近的出口撤离，不准携带任何物品。离开飞机时，打开救生衣充气阀门。

Ladies and gentlemen：

Now the flight attendants will tell you the location of your nearest exit. Please ensure two exits at least. Follow the instruction of the flight attendants and do not take anything while e-vacuating. Life vest can be inflated when you leave the aircraft.

乘务员在客舱演示：

客舱共有4个应急出口，2个在前，2个在后。（注：水上撤离时，应急出口不使用。）

（3）如在有时限的迫降中仅作如下说明

乘务员演示：

坐在这里的乘客，请从这边的出口撤离，如果这边的出口不能使用，请从那边的出口撤离。

8. 取下尖锐物品、穿上衣服

乘务长广播：

女士们、先生们：

为了撤离时您的安全，请取下随身的尖锐物品，如钢笔、手表和首饰，取下领带和围巾等物品。把所有这些物品放入行李内，请不要把任何东西放在你前面的座椅袋内。

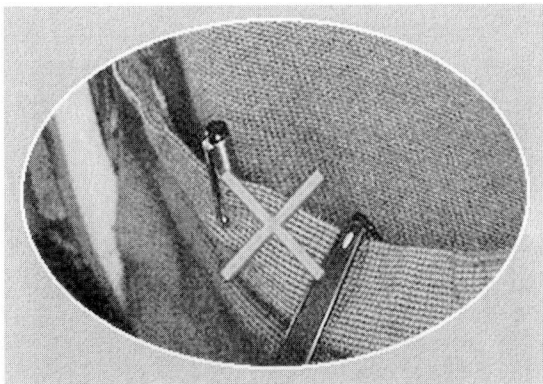

图9.15 座椅袋内不能放入任何尖锐物品

Ladies and gentlemen：

Please remove sharp items，such as pens，watches，jewelry to prevent injury. Put them in your carry-on baggage，do not put anything in the seat pocket in front of you.

9. 演示防冲击的方法

乘务员应在客舱中明显的位置处进行演示（如坐到椅背上或靠在隔板上踩在座位上进行）。

乘务长广播，乘务员在客舱演示：

女士们、先生们：

现在乘务员将向您介绍两种防冲击的姿势。第一种：上身挺直，收紧下颌，双手用力抓住座椅扶手，两脚用力蹬地。第二种：两臂伸直交叉紧抓前面座椅靠背，头俯下，两脚用力蹬地。当您听到"低下头，全身紧迫用力！"的口令时，您要做好防冲击姿势，当飞机未完全停稳时，请您保持防冲击姿势，当飞机停稳后，请按乘务员的指挥进行紧急撤离。

Ladies and gentlemen：

We'll show you how to brace for impact. First，keep the upper part of your body upright and strained，grasp the arms of your seat with your two hands firmly，step on the floor with your feet firmly. Second，stretch both your arms and cross them on the seat back in front of you，lower your head as much as possible，step on the floor with your feet firmly.

Take the "Brace-for-Impact" position when you hear "Heads down，race！" until the aircraft comes to a complete stop and only then proceed to the emergency exits as directed by the flight attendants.

（1）成年人乘客

多数乘客可采取手臂交叉抓住椅背，头枕在手臂上，双脚用力蹬地的方式（见图9.16）。

图9.16　成年乘客姿势（1）

　　如果乘客前面没有座位或无法抓到椅背时，可让乘客俯下身抱住双腿，把头放在两膝上，两脚用力蹬地（见图9.17）。

图9.17　成年乘客姿势（2）

（2）婴儿

　　将婴儿斜抱在怀里，婴儿头部不得与过道同侧，俯下身，两脚用力蹬地或一手抱紧婴儿，一手抓住前面的椅背，低下头，两脚用力蹬地。见图9.18。

（a）

（b）

图9.18　抱婴儿乘客的安全姿势

（3）特殊乘客（肥胖、孕妇、高血压、身体高大者）

让他们双手紧抓座椅扶手，或双手抱头，同时收紧下颌，两腿用力蹬地。孕妇应将安全带系在大腿根部，用毛毯或小枕头垫在腹部。见图9.19。

图9.19　特殊乘客安全姿势

（4）儿童

对于双脚不能着地的儿童，可采用将双手压在双膝下，手心向上，弯下腰的方式。见图9.20。

图9.20　儿童安全姿势

（5）坐在客舱第一排乘客的安全姿势（见图9.21）

乘客重复做一次，乘务员逐个检查，并纠正不正确姿势，同时反复强调在飞机接地前一瞬间，双脚用力蹬地，全身紧迫用力。

图 9.21　第一排乘客安全姿势

10. 救生衣演示（仅限水上迫降）

乘务长广播，乘务员在客舱演示：

现在乘务员将向您演示救生衣的使用方法，请从座位下取出救生衣，随同乘务员的演示穿上救生衣，但在客舱内不要充气。

撕开包装，将救生衣经头部穿好，将带子扣好、系紧。

当您离开飞机时，拉下救生衣两侧的红色充气把手，但在客舱内不要充气。

充气不足时，可将救生衣上部的人工充气管拉出，用嘴向里吹气。

乘务员将协助任何需要帮助的人穿上救生衣。

图 9.22　穿救生衣演示

11. 对乘务员广播

乘务长广播：

全体乘务员作好自身确认及个人检查。Cabin crew attention，prepare yourself.

（1）背向机头坐的乘务员

系牢肩带和安全带，上身挺直，双手紧抓座椅边缘，头紧靠椅背，两脚略分开用力蹬地。见图9.23。

图9.23　背向机头坐的乘务员姿势

（2）面向机头方向的乘务员

紧紧系牢肩带和座椅安全带，上身挺直收紧下颌，双手紧抓座椅边缘，两脚略分开用力蹬地。见图9.24。

图9.24　面向机头方向的乘务员姿势

12. 关闭客舱灯光

乘务长广播：

女士们、先生们，请注意：

为了使您的眼睛能尽快适应外部光线，我们将调暗客舱灯光（关闭侧灯，留10%的顶灯）。

Ladies and gentlemen：

Now we will dim the cabin lights to assist you to fit in with the darkness outside.

二、救生筏上的管理

（1）救生筏距离飞机不应过远。

（2）搜寻落水者，正确清点人数，保证所有人都已上船。

（3）机组成员应是船上的指挥者，将机组成员均匀地分到每个船上。

（4）以7～8米为间隔将各船连在一起。

（5）清理船内积水，堵塞漏洞，固定好所有物品，支好天篷。

（6）把小刀、舀水桶等小物件系在船上。

（7）保证充气柱体内的空气充足，但不要过多。白天高温时，放掉点气，夜冷时再补充些气体。

图9.25 救生筏上的管理

（8）不要把小刀、渔具、罐头拉环及各种尖锐物品扔在船舱地板上，不要用鞋去蹭船底或充气柱体。

（9）确保船上的每个人都穿好救生衣，并充气。

（10）乘客均匀地分布在船内。

（11）不要坐在船舷上。

（12）在船内需移动位置时，应先告诉周围的乘客。

（13）当发现有飞机时，将船相互拉近，使天篷的颜色更易被识别，如有大浪则不要这样做，否则可能会使船颠覆。

三、救生船上的指挥

（1）明确船上其他每个人的职责，使他们一同参与工作，除非那些受重伤或呼吸困难的人。

（2）不论昼夜，每时每刻都应有人值勤。

（3）将值勤者用一根不短于 3 米的绳系在船上。

注：乘客脱下的鞋子应在到达陆地后还给乘客。

第四节　客舱乘务员应急撤离职责

一、波音 737/空客 320 机型乘务组应急撤离职责

1. 乘务组五人制职责

（1）乘务员级别及英文缩写

乘务长（purser，以下简称 PS），一号乘务长（PS1）；

头等舱乘务员（first-class stewardess，以下简称 FS）；

乘务员（stewardess，以下简称 SS），

二号头等舱乘务员（以下简称 FS2）；

三号乘务员（以下简称 SS3）；

四号乘务员（以下简称 SS4）；

五号乘务员（以下简称 SS5）。

（2）飞机应急出口简称

登机门左侧（left，以下简称 L）；

前登机门左侧（以下简称 L1）；

后登机门左侧（以下简称 L2）；

服务门右侧（right，以下简称 R）；

前服务门右侧（以下简称 R1）；

后服务门右侧（以下简称 R2）；

机翼窗口（wingdoor，以下简称 W）；

机翼窗口左侧（以下简称 W/L）；

机翼窗口右侧（以下简称 W/R）。

表 9-3　乘务组五人制职责

乘务员（号位）	职　责	携带物品	撤离出口
PS1	1. 负责客舱内总指挥； 2. 负责客舱广播； 3. 负责左前登机门（L1 门）及滑梯，水上撤离时负责将救生包挂在 L1 门上； 4. 陆地：负责指挥一排至翼上出口之前的乘客从左前登机门（L1 门）撤离； 水上：负责指挥一排至翼上出口之前的乘客从左前登机门（L1 门）撤离； 5. 陆地迫降由前舱往后检查客舱，从后舱出口撤离；水上迫降由前往后检查客舱，返回 R1 门撤离，释放救生筏。	舱单 喇叭 手电 救生包	陆地：L1/R1 水上：R1
FS2	1. 关闭娱乐系统； 2. 负责检查前厨房； 3. 检查并锁闭前洗手间； 4. 负责右前服务舱门（R1 门）及滑梯，水上撤离时负责将救生包挂在 R1 门上； 5. 陆地：负责指挥一排至翼上出口之前的乘客从 R1 门撤离； 水上：负责指挥一排至翼上出口之前的乘客从 R1 门撤离； 6. 检查一排至翼上出口的客舱，水上迫降释放 L1 门救生筏。	急救箱 应急医疗箱 手电 救生包	陆地：R1 水上：L1
SS3	1. 负责左后登机门（L2 门）及滑梯，水上撤离时负责将救生包挂在 L2 门上； 2. 陆地：负责指挥翼上出口至最后排的乘客从 L2 门撤离； 水上：负责指挥翼上出口至最后排乘客从 L2 门撤离； 3. 检查翼上出口至最后排乘客，水上迫降负责释放 L2 门救生筏。	应急发报机 手电 救生包	陆地：L2 水上：L2
SS4	1. 检查并锁闭后洗手间； 2. 负责右后服务舱门（R2 门）及滑梯，水上撤离时负责将救生包挂在 R2 门； 3. 陆地：负责翼上出口至最后排乘客从右后服务舱门（R2 门）撤离； 水上：负责翼上出口至最后排乘客从右后服务舱门（R2 门）撤离； 4. 检查翼上出口至最后一排客舱，水上迫降释放右后服务舱门（R2 门）救生筏。	急救箱 手电 喇叭 救生包	陆地：R2 水上：R2

续表

乘务员 （号位）	职　　责	携带物品	撤离出口
SS5	1. 检查固定客舱浮动物品； 2. 检查并锁闭后洗手间； 3. 负责客舱的左翼上出口，陆地撤离时负责客舱中部乘客从左翼上出口脱出； 4. 水上撤离时，根据情况合理使用翼上出口； 5. 释放救生船； 6. 协助其他乘务员检查翼上出口至客舱最后一排。	急救箱 手电	陆地：左翼上出口 水上：L2/R2

乘务员还应尽可能多地携带饮料、食物和毛毯，带下乘客的鞋。

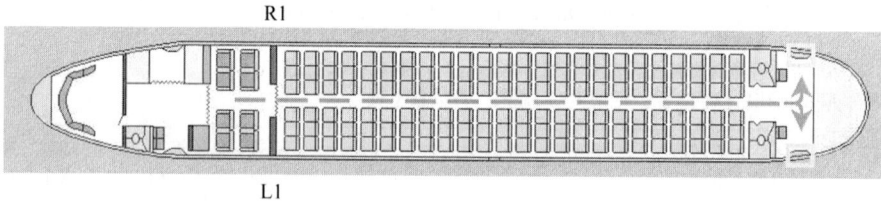

（a）陆地撤离时乘务长撤离出口在 L1/R1 门

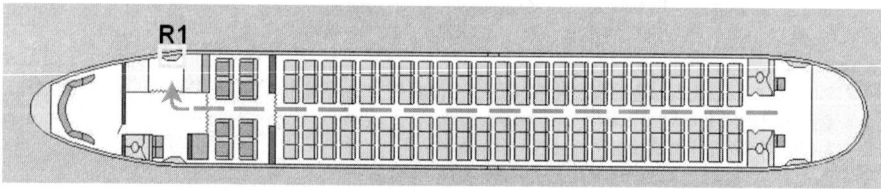

（b）水上撤离时乘务长撤离出口在 R1 门

图 9.26　单通道飞机由乘务长负责清仓检查

2. 乘务组四人制职责

当最低配备四人制时，按上述职责减五号乘务员。

二、应急撤离指挥口令

1. 陆地撤离指挥口令

表9-4　陆地撤离指挥口令

状　态	口　令
飞机停稳，乘务员解开安全带及肩带从座位上站起，观察外面状况并打开出口门后封住舱门时	解开安全带/open seatbelt 不要带行李/no-baggage 撤离/evacuate
出口已经打开，滑梯充气后，一只手握住辅助把手，另一只手指挥时	到这边来/come this way or come here
撤离期间指挥乘客加快撤离速度时	快点走/move fast
当乘客在充满烟雾的客舱内撤离时	低下身，捂住口鼻呼吸/隔着衣服呼吸，跟着灯光走，随着声音来 bend over, cover your nose and mouse , follow me
当乘客通过出口撤离时	一个跟着一个跳、滑/one by one jump, slide
当门被堵住，门把手卡住，舱外有火、烟、水，乘务员面向客舱，双臂封住舱门时的指挥；门已打开，但无滑梯的情况下，乘务员面向外，双手抓住门边把手时的指挥	此门不通，到对面去，到前面去，到后面去/no exit, go across, go forward, go back
遇到无计划的应急撞击时	弯腰/趴下 bend over/keep heads down
遇到有计划的应急撞击时	紧迫用力/brace
当飞机着陆后，机长指示不用撤离时	坐下，不要站起来/sit down, stay down 保持镇静/keep calm
遇到无计划的应急撤离时	解开安全带/open seatbelt 不要带行李/no-baggage 脱掉高跟鞋/no high-heeled shoes

2．水上撤离指挥口令

表9-5　水上撤离指挥口令

状　态	口　令
飞机停稳，乘务员解开安全带及肩带从座位上站起，观察外面状况并打开出口门后封住舱门时	解开安全带/open seatbelt 不要带行李/no-baggage 撤离/evacuate
遇到无计划的应急撤离时	解开安全带/open seatbelt 穿上你座位下的救生衣/put on life vest under your seat 不要带行李/no-baggage 脱掉鞋子/no shoes
出口已经打开，滑梯充气后，一只手握住辅助把手，另一只手指挥时	到这边来/come this way or come here
当乘客通过出口撤离时	救生衣充气/inflate 一个跟着一个跳/one by one jump
撤离期间指挥乘客加快撤离速度时	快点走/move fast
乘客在救生船上以及移动时	趴下，坐下/stay down, sit down
当门被堵住，门把手卡住，舱外有火、烟、水，乘务员面向客舱，双臂合十封住舱门时的指挥；门已打开，但中、大型飞机的滑梯充气失效的情况下，乘务员面向内时的指挥	此门不通，到对面去，到前面去，到后面去/no exit, go across, go forward, go back
遇到无计划的应急撞击时	弯腰/趴下 bend over/ keep heads down
遇到有计划的应急撞击时	紧迫用力/brace
当飞机着陆后，机长指示不用撤离时	坐在座位上，不要站起来/ sit down, stay down 保持镇静/keep calm

三、客舱应急撤离准备检查单位

表9-6　客舱应急撤离准备检查单

项目		乘务长	乘务员
通信与协调	机长和乘务长协调	完成	
	乘务长和乘务员协调	完成	完成
固定客舱/服务舱松散物品	检查/固定好客舱的松散物品	广播	完成
	固定好服务舱的松散物品	广播	完成

续表

	项目	乘务长	乘务员
对乘客简介	乘务长广播	完成	
选择援助者	选择出口援助者	广播	完成
	安排乘客志愿协助者	广播	完成
乘务员检查项目	出口位置指示	广播	演示
	指示乘客阅读安全说明书	广播	演示
	不准吸烟	广播	检查
	收回餐具	广播	完成
	固定好座椅靠背和小桌板	广播	检查
	存放好行李	广播	检查
	取下尖锐物品、穿上衣服	广播	检查
	脱下高跟鞋（陆地）/鞋子（水上）	广播	检查
	演示安全带	广播	演示
	演示防冲击姿势	广播	演示
	穿上救生衣（水上迫降）	广播	演示
作最后准备	重新检查客舱/厨房	完成	完成
	关闭客舱灯、娱乐系统、厨房电源	完成	
	报告机长	完成	
乘务员个人准备		发布指令	
	穿上制服/机组救生衣	完成	完成
	取下尖锐物品、丝巾、领带、高跟鞋、丝袜	完成	完成
	弄湿头发	完成	完成
	确认手电筒等应携带物品的位置	完成	完成
	系好安全带，做防冲击准备	完成	完成
	回想撤离分工	完成	完成

案　例

如何组织撤离

在任何紧急情况下，救生依赖于快速有效的行动，而快速有效行动的基础就是应急撤离知识、职责、程序及培训。1985—1990 年世界航空企业共有 222 起由火情引起的飞行事故发生。这些火情大都发生在厨房、卫生间和客舱内。1992 年 3 月 12 日，三角航空公司 L-1011 飞机舱内失火，由于判断准确，处置及时，飞机安全着陆，乘客全部撤离。

在第十届国际客舱安全会议上，SAS 航空公司 DC-9751 航班的 46 岁的乘务长，讲述了她在斯德哥尔摩北部飞机坠毁的亲身经历。当时飞机右发停车，75 秒钟后，两台发动机都失速了，此刻飞机的高度是 3194 英尺，机长决定陆地迫降，飞机撞在树上，机身断成三节，乘客和机组人员奇迹般地从摔断的飞机中逃生，机上 129 人全部幸存。乘务长在着陆前 45 秒钟开始下达"系好安全带"的口令，25 秒钟做好"安全姿势"，20 秒钟下达"防止冲撞"指示，飞机落地后，没有着火，舱门能打开，为乘客的逃生做好了准备。

从以上实例看出，在毫无准备的应急迫降时，乘务员能在几秒钟内对事故作出反应，完全是依靠及时并准确地发挥了客舱乘务员的作用。

思 考 题

1. 应急处置的基本原则是什么？
2. 了解应急撤离的基本知识。
3. 理解和填写波音 737-800 飞机陆地、水上迫降时各号位乘务员的撤离职责和程序。
4. 正确说出紧急情况下的指挥口令。
5. 演示救生衣的使用。
6. 掌握和使用应急情况下的中英文广播。
7. 演示防冲撞姿势。

第十章　机上急救

本章提示

随着民航乘客运输量的增加，许多航空公司都已在定期航班上为运送特殊乘客和病人创造了条件，尽管实际设备差异较大，但从理论上讲，IATA 对此已有了国际标准。

美国航空公司收集了两年中使用机上医用药箱的资料，在机上急救事件中，有医生在场的占 85%，机上急救的患者中 27% 是心脏病乘客，在有记录的 33 例死亡者中，48% 是死于心脏病，药箱中最常使用的药物是硝酸甘油，空中乘务人员都经过基本的心肺复苏技术训练，可以协助医生或其他救护人员救护，作为最后的手段，机长还可以改变飞行计划，使患者得到急救并被尽快送到医院。

汉莎航空公司定期航班上的应急医疗处理事件每年有 1000 余次，年旅客运输量为 2500 万。尽管如此，每年仍有 12~14 名乘客在飞机上死亡，且需作 10~12 次意外降落。

通过本章学习，学生应了解机上急救方面的知识、生理基础、机上常见病症及处理、机上急病人的处理程序、机上急救设备及使用、心肺复苏操作、外伤救护操作以及急救箱和应急医疗药箱的使用方法。

第一节 生命体征

在遇有急诊时，对伤病者的基本情况必须作一判断，其中最重要的是以下的生命体征。

一、脉搏（心率）

心率即心跳的速度，是基本的生命活动之一。

心脏有节奏地跳动使血液沿血管运动，引起动脉搏动称之为脉搏，触摸腕部桡动脉或其他部位的动脉的搏动次数，即可得到心跳的速率。年龄和性别可影响脉率，在安静状态下，正常成年人的脉搏是60～100次/分钟。脉搏会因各种病理或生理状态而改变。它代表循环系统的状况。

二、呼吸

呼吸运动是使机体与外界的气体不断交换的运动，即呼出二氧化碳吸入氧气的过程，是基本的生命活动之一。年龄及性别可影响呼吸次数。健康成年人正常呼吸频率是16～20次/分钟。呼吸也会因各种生理或病理情况而改变。呼吸是身体获取氧气的方式。

三、体温

健康人的腋下温度为37℃以下，昼夜之差一般在1℃以内，它与年龄无多大关系。机体只有在正常体温下才能正常工作。

四、血压

血压是动脉血压的简称，是血液自血管内流动对血管壁的压力，是循环功能的一个重要指标。

血压分为收缩压和舒张压。世界卫生组织规定，正常血压应为收缩压90～139 mmHg，舒张压60～89 mmHg，脉压30～40 mmHg，（用1 kPa = 7.5 mmHg）上肢血压低于下肢血压。

若收缩压与舒张压均低于正常的最低值则称为低血压。

第二节　急救的原则

一、机上急救的定义

机上急救是指在飞行过程中，对遭受意外损伤或突发疾病的乘客给予立即和暂时的处理以等待医生到来或送往医疗单位诊治。

二、严重伤病时的处理程序

（1）在机上广播寻求医务人员的帮助；

（2）在机上广播的同时立即按急救箱内所附的"急救指导"和学习过的急救知识对病人进行急救；

（3）协助患者安静卧位，保持情绪稳定；

（4）根据病情决定是否需要给病人吸氧；

（5）应取得并记录以下内容：

- 乘客的一般资料；
- 发病的主要症状、体征、采取的救治措施及达到的效果；
- 到站后是否需要担架或轮椅等搬运工具，是否需要救护车或医务人员到场。

（6）及时报告机长并在着陆前通知地面有关部门。

三、急救的一般原则

在遇有严重伤病时应保持镇静，在采取直接措施之前分析情况。尽可能详细地询问患者病情，仔细地观察损伤部位、受伤程度。在急救时，应选用恰当的语言来表达出乘务人员愿意并有能力帮助处理患者的伤病。同时还应避免常常是出于好意而采取不当的方法所带来的错误。乘务人员应该只限于采取必需的措施，并要记住要尽量少去搬动病人或碰触损伤部位。要避免使用诊断性和预后性质的词句，掌握病情后要尽快行动。用药时最好先征得患者同意，如能口服药物，则尽量避免肌肉注射或静脉注射（学习情况下除外）。救治时，要先处理最紧急情况，下列措施是救命要点：

（1）确保呼吸和呼吸道畅通；

（2）检查及立即止住出血；

（3）预防休克和暴露伤部；

（4）确保正确处置昏迷者并保证有人照看。

第三节　心肺复苏

对于在短时间内出现的呼吸和心跳停止的病人，如果能立即对其进行人工呼吸和心脏按压，将会为进一步的救治争取宝贵的时间，有的可以直接救治病人。

一、判断意识

方法包括：

（1）呼叫（要表达出你的关切）；

（2）叩拍或摇晃病人的肩部；

（3）婴儿：拍打双足。

二、开通气道

1. 开通气道的三种方法

使病人仰卧于硬板或地面上，头后仰、下颌抬起，使下颌角与耳垂线与地面垂直。见图10.1、图10.2、图10.3。

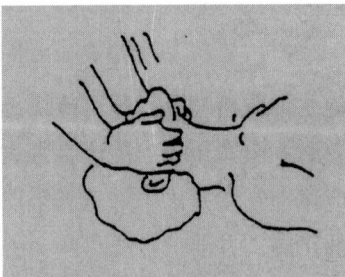

图10.1　拉颌法

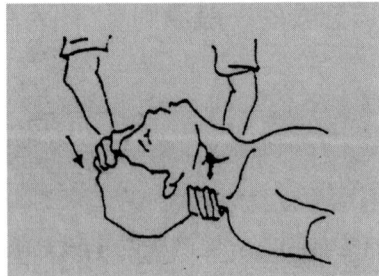

图10.2　仰头抬颈法

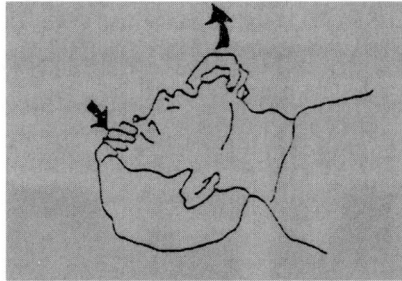

图 10.3　仰头举颌法

常用的方法是仰头举颌法，如怀疑是颈椎损伤的病人，应用拉颌法打开气道。

2. 呼吸检查法

开通气道后要立即检查有无呼吸，见图 10.4，检查呼吸应：

（1）看有无胸腹部起伏运动；

（2）听有无呼吸音；

（3）感觉口鼻部有无气流。

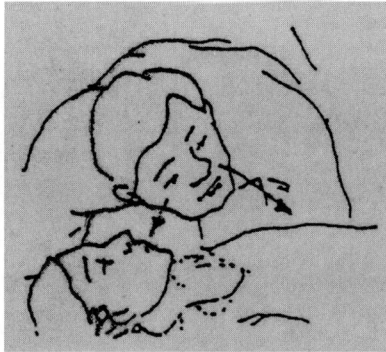

图 10.4　呼吸检查法

三、人工呼吸

1. 吹气方法与速度

方法是采用简单有效的口对口出气方法：在保持呼吸通畅的基础上，用一只手的拇指和食指，捏紧病人的鼻孔，张口包牢病人口部内吹气（有效的吹气应使病人胸腹部鼓起），吹气速度 12～16 次/分钟，吹气量 800～1200 ml，吹气时间 1～1.5 秒。吹气后，两手指松开鼻部，口离开病人口部，让气体充分逸出，再进行第二次吹气。如果气吹不进应再次确认气道是否开通，或口鼻咽腔有无异物。如发现有异物应清理干净后再行吹气。见图 10.5、图 10.6。

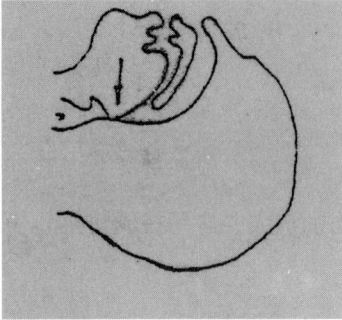

图 10.5　舌根阻塞　　　　　　　　图 10.6　异物阻塞

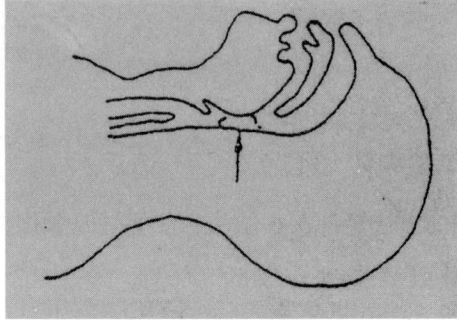

2. 口对口吹气

图 10.7　口对口吹气

口对口吹气见图 10.7。

吹气两次后应立即检查颈动脉有无搏动，婴儿则检查肱动脉。

注意：颈动脉两侧不能同时按压，一侧按压时间也不能过长。

3. 脉搏检查

脉搏检查见图 10.8 和图 10.9。

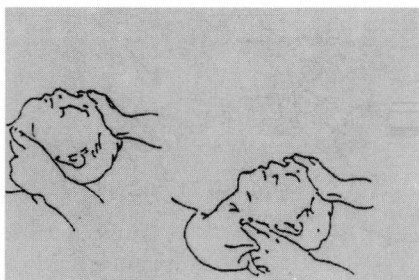

图 10.8　成人：喉正中旁开两指下压　　　图 10.9　婴儿：上臂内侧中部下压

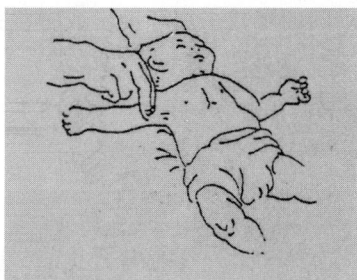

四、胸外心脏按压

定位的方法见图 10.10、图 10.11。

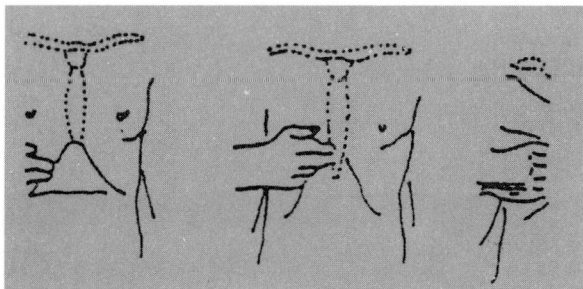

图 10.10　成人胸外心脏按压的定位方法

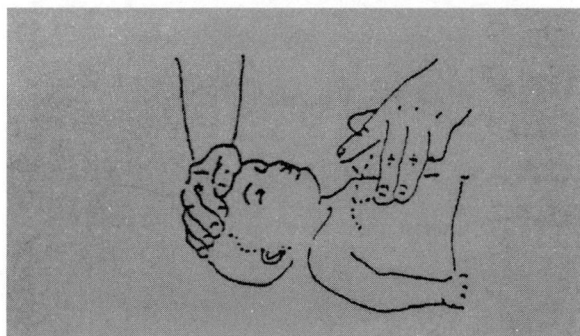

图 10.11　婴儿胸外心脏按压的定位方法

（1）对成年人采用双手掌根重叠法，伸直肘关节利用上身重量和肩臂力量使手臂与地面垂直下压。

儿童就采用单手掌根法。

一岁以内的婴儿采用环抱法或中食指尖法。

（2）下压的速度

成人：80～100次/分钟（见图10.12）。

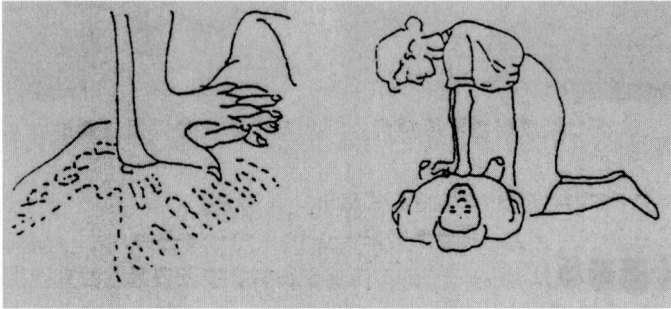

图10.12　成人：双手掌重叠

儿童及婴儿：100～120次/分钟（见图10.13）。

- 儿童：单手掌根按压；
- 婴儿：中指及无名指按压。

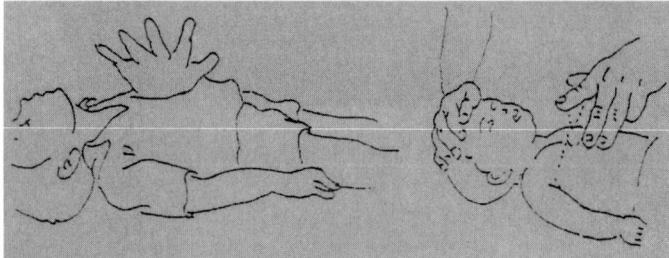

图10.13　儿童及婴儿的按压方法

（3）下压力度

成年人应使胸骨下陷4～5厘米；

儿童应使胸骨下陷3厘米；

婴儿应使胸骨下陷2厘米。

（4）心肺复苏的心脏按压与吹气应交替进行

单人对成人、儿童、婴儿做心肺复苏，按压/通气比均为 1.5∶2，直到病人恢复自主呼吸和循环，或医生诊断病人死亡则停止操作。

注意：每 2 分钟或做 5 个胸外心脏按压（CPR）后，急救者应轮换继续做，轮换应在 5 秒钟以内完成。胸外心脏按压（CPR）要求尽可能早进行，贵在"黄金 4 分钟"，复苏时间开始越早存活率越高。

第四节　外伤救护

一、出血与止血

正常人的全身血量约占体重的 8%，正常成人的全身血量约 5 升左右，如果一次出血量超过全身血容量的 30% 时，就会出现失血性休克，超过 40% 就会威胁人的生命，甚至引起死亡。因此，无论在什么情况下，如果发现伤员出血，必须立即止血。

1．出血种类

（1）动脉出血：血色鲜红，出血如喷泉一样随着动脉搏动从伤口喷出，出血急，出血量大，若不及时止血，危险性极大；

（2）静脉出血：血色暗红，出血向流水一样从伤口流出，出血随血管口径和伤口大小而不同，如不止血亦有危险；

（3）毛细血管出血：血色鲜红，出血像水珠一样从整个伤口面慢慢渗出，时间稍久，出血自止，危险性不大。

2．止血方法

（1）加压包扎止血法：用消毒纱布或干净毛巾压住伤口，再用绷带或三角巾适度用力包扎。适用于毛细血管、静脉或小动脉的出血。

（2）指压止血法：立即用手指把伤口近心端的动脉压在骨面上，使其出血减缓达到暂时止血的目的。适用于较大的动脉出血，只能短时间使用，一般不可超过 15 分钟。

颈动脉：位于颈部正中两横指外缘处，头颈部出血可压迫此动脉。

肱动脉：位于上臂内侧中点，上肢出血，可压迫此动脉。

股动脉：位于大腿根部中点略向上处，用单手掌根或两拇指重叠压迫。下肢出血可压迫此动脉。

见图 10.14、图 10.15。

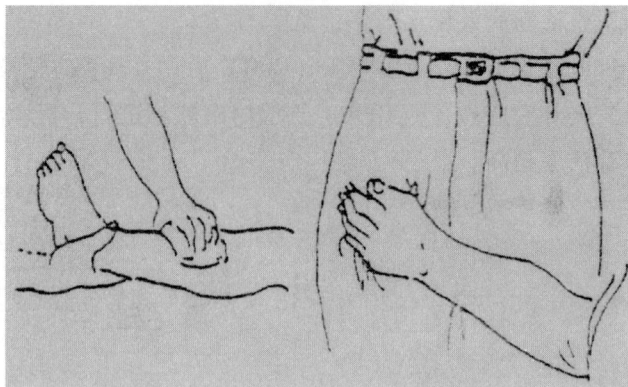

图 10.14　直接压迫流血的伤口

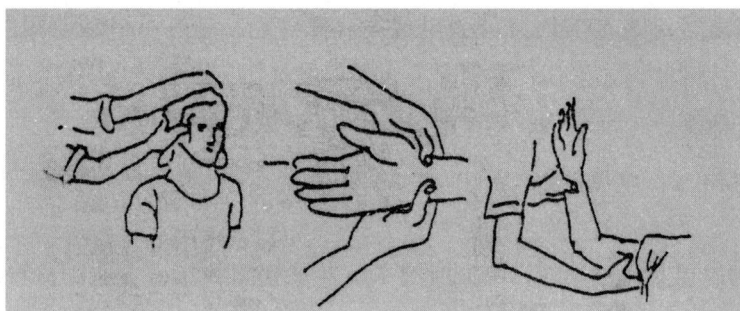

图 10.15　压迫损伤部位的供血动脉止血

（3）止血带止血（见图 10.16）：是比较好的止血方法之一，适用于四肢。上肢扎在上臂 1/3 处，下肢扎在大腿中部。因是完全阻断整个肢体血液的供给，特别应注意以下几点：

①止血带不能扎在皮肤上，要加垫。应该先用布料包垫一圈再扎止血带。

②止血带应扎得松紧适当。过松会使出血加重，过紧则容易导致组织坏死，因此要以刚好止住血的松紧度为宜。

③要定时放松止血带以使远端肢体得到保证不会缺血坏死的血供。一般应每半小时放松 2~3 分钟。

④应在扎带时立即记录准确的扎带时间，做好标记牌并标放在明显的部位，这样才能保证准时放松。

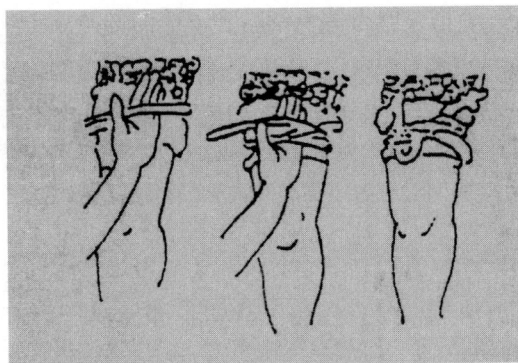

图 10.16 止血带扎法

此外，还应注意，即使定时放松，总的扎带时间也不能超过 3 个小时，否则肢体也不免坏死。因此在航线超过 5～6 小时时，应设法备降处理。

二、包扎

包扎的目的是压迫止血，扶托伤部减轻疼痛，保护伤口以减少感染，固定敷料、夹板及药品等。要求严密牢固，松紧适宜。

1. 绷带包扎法

（a）环形包扎法　　　　　（b）螺旋包扎法

图 10.17 绷带包扎法

（1）环形包扎法：用绷带作环形缠绕。适用于颈部、额部、腕部、踝部等粗细相等的部位。

（2）螺旋包扎法：先作几圈环形缠绕，再作螺旋式上绕，每圈约盖住前一圈的

1/2～2/3，适用于上肢、手指、躯干等粗细略有不等的部位。

（3）螺旋式返折法：在螺旋式上升时每一圈都要在相对固定部位向下返折，每圈要压住前一圈的1/2～2/3，直至包严。返折部位不能在伤口处或突起部位。适用于小腿、前臂等粗细不等部位。

（4）8字包扎法：适用于腋、肘、腘窝部位。

2. 三角巾包扎法

三角巾经过高压灭菌消毒，可直接用于身体各部位损伤伤口的包扎，如头部、肩部、胸背部、腹部和四肢等。

（1）头部风帽式包扎法：用于脑后部及侧面部的损伤，见图10.18。

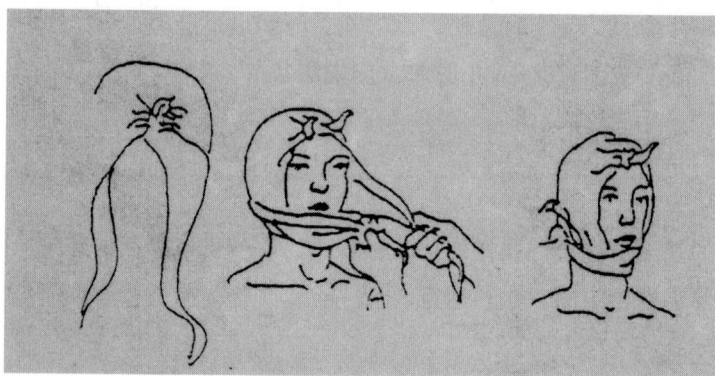

图10.18 头部风帽式包扎法

（2）头顶部伤口的三角巾包扎法：见图10.19。

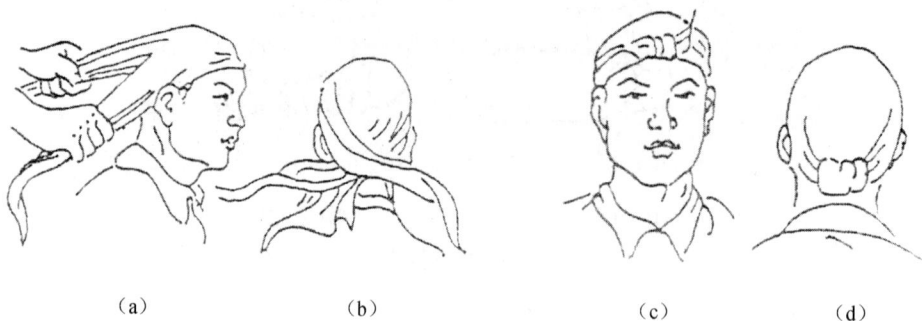

（a）　　　　　　　　（b）　　　　　　　　（c）　　　　　　（d）

图10.19 头顶部包扎法

（3）胸背部包扎法：可以三种方式用三角巾包扎胸背部的伤口，蝴蝶式包扎法见图10.20，侧胸包扎法见图10.21，燕尾式包扎法见图10.22。

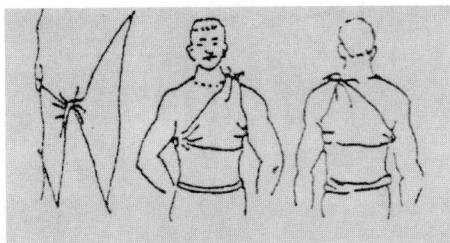

图10.20　蝴蝶式胸部包扎法

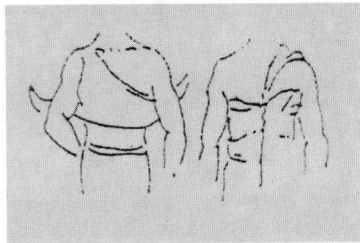

图10.21　侧胸包扎法

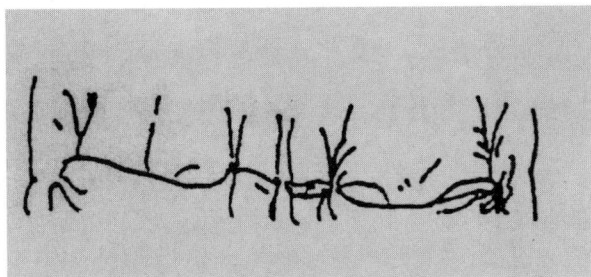

图10.22　胸部燕尾式包扎法

（4）其他部位的三角巾包扎法

①肩部包扎法见图10.23、图10.24。

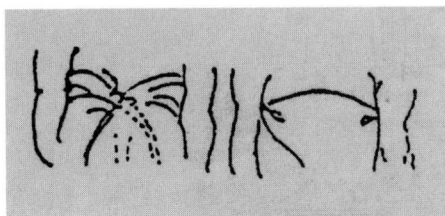

图10.23　包扎单肩

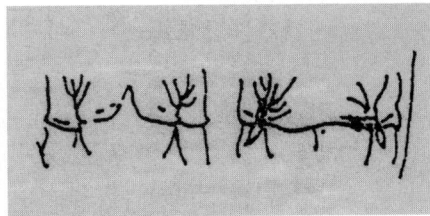

图10.24　包扎双肩

②腹部包扎法见图10.25。

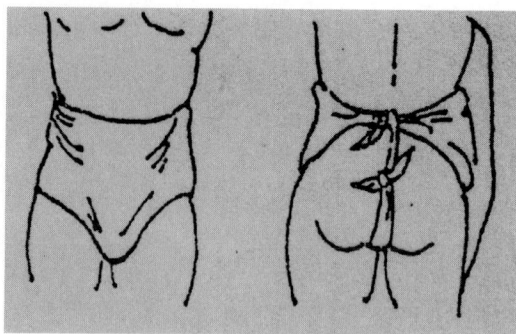

图 10.25　三角巾包扎腹部

③手臂包扎法见图 10.26。

图 10.26　三角巾包扎上肢图

④手、足包扎法见图 10.27。

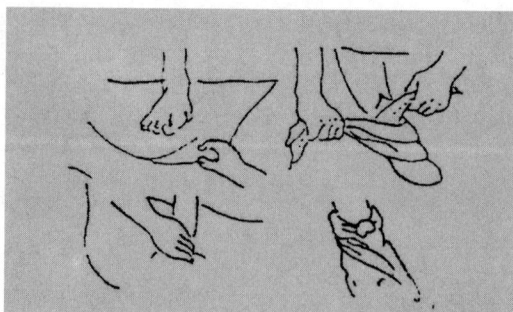

图 10.27　手足包扎法

第五节　骨折与固定

发现骨折时必须及时给予固定，以减轻疼痛，防止发生休克。避免骨折断端刺伤折口周围的血管、神经和皮肤，以便于搬运及愈合。固定最好用木质夹板。

一、骨折的类型

骨折的类型有三种，分别是单纯性骨折、开放性骨折、伴有并发症的骨折（见图10.28）。

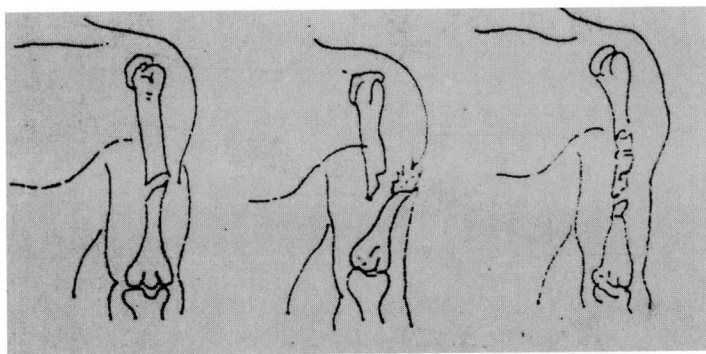

　（a）单纯性骨折　　　　（b）开放性骨折　　　　（c）伴有并发症的骨折

图 10.28　骨折的类型

二、骨折的表现

1. 单纯性骨折表现

单纯性骨折表现有：

（1）受伤部位严重疼痛触痛；

（2）受伤部位肿胀变形与对侧的不对称；

（3）受伤肢体活动受限或处于不自然位置。

处理方法：

（1）尽量用夹板把包括骨折部上下方关节在内的骨折骨固定好；

（2）尽量使伤者舒适；

（3）不要试图去对接骨折；

（4）要注意观察，保暖和防休克。

肢体骨折固定方法：见图 10.29～图 10.36。

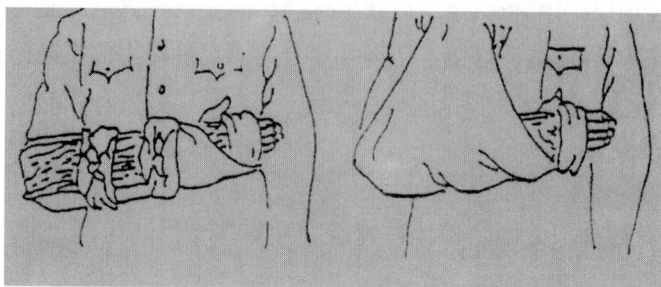

图 10.29　前臂骨折夹板固定法

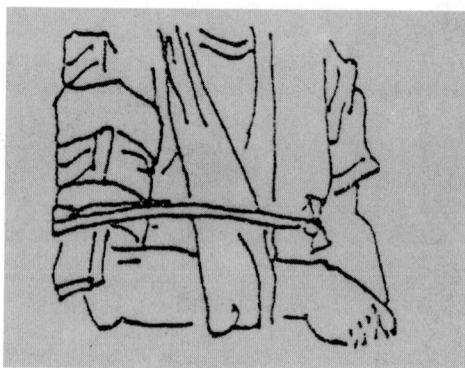

图 10.30　上臂骨折夹板固定法

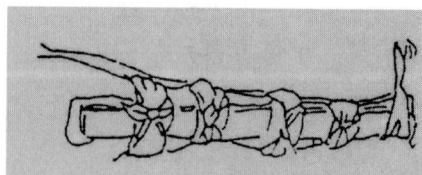

图 10.31　大腿骨折夹板固定法　　图 10.32　小腿骨折固定法

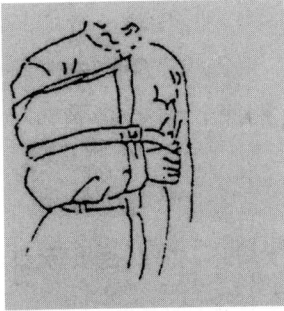

图 10.33　前臂骨折衣襟固定法

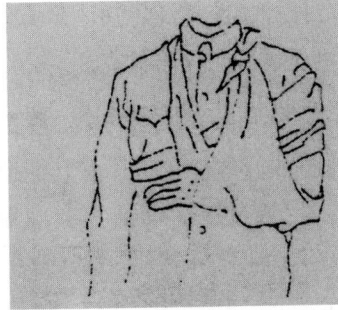

图 10.34　上臂骨折三角巾固定法

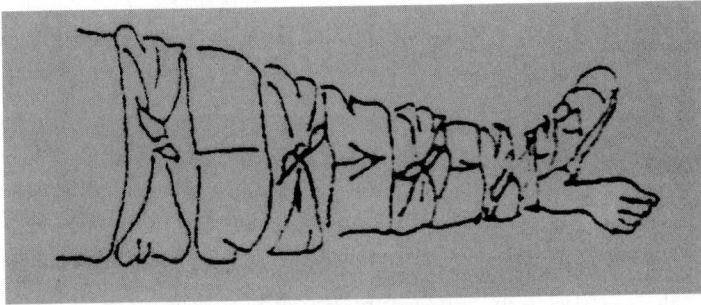

图 10.35　人腿骨折健肢固定法

图 10.36　用三角巾作上肢悬吊

2. 开放性骨折表现

除了有单纯骨折的症状外，还有皮肤伤口或骨折断端可能刺到皮肤外面等症状。

处理方法：

（1）止血：除非骨折断端到皮肤外面，否则都要用直接压迫止血；

（2）用消毒敷布盖住伤口；

（3）固定骨折：按单纯骨折固定方法固定；

（4）密切观察，保暖防休克。

3. 伴有并发症的骨折

指单纯骨折或开放性骨折伴有其他损伤的情况。

症状：除骨折症状外，还伴有其他损伤的症状。

处理：按开放性骨折处理。

（1）固定

前臂和肩部骨折：将少许衬垫物放置在患者的腋下，轻轻地将患者的上臂置于身侧，手肘成直角，前臂放于胸前，将有衬垫的夹板放在上臂外侧，绑好固定；再用一条窄的吊带绕过颈部吊住前臂，夹板连同患者的躯体一同绑好，系在身体另一侧。

前臂和腕部骨折：小心地将前臂与上臂成直角横置胸前，握拳，拇指向上；然后将有衬垫的夹板置于前臂两侧，超过肘关节和腕关节，并将夹板绑好；再用三角巾绕过颈部吊住前臂，指头稍高过肘关节。

颈背部骨折：颈背部骨折是所有骨折中最严重的一种，颈部骨折后不管是任何方向的移动都有可能造成瘫痪或死亡。因此，对怀疑有颈部及背部伤的患者，最好用颈托；如无颈托，必须小心地用厚毛巾、报纸或其他可做衬垫的东西折成 10 厘米宽，沿着患者的颈部包起来绑好，尽可能地将头固定，用衣服、沙袋固定两侧防止移动，不要用枕头。

腿部骨折：腿部骨折常见的有大腿骨折（股骨骨折）、小腿骨折（胫骨、腓骨骨折）及膝盖骨骨折（膑骨骨折）。外伤救护处理时基本相似，用包有衬垫的夹板放在膝部外侧，夹板长度超过骨折处的上、下关节，各关节与夹板接触的地方应放衬垫，并用绷带固定。在无夹板的情况下，可将患腿与健腿绑在一起以达到固定的目的。

足踝骨折：保持平躺，小心地脱去患者的鞋子，用一个枕头或卷起的毯子从小腿到足根把脚包起来，枕头边刚好与脚尖平，然后将枕头固定，将延伸至足根的枕头末端卷起来支撑脚部。

锁骨骨折：用绷带或其他替代物从两臂之一的下面开始，对角越过背部，盖住肩膀，绕到腋下，再越过背部，盖过另一边的肩膀，绕到腋下，重复几圈，在患者的肩、背和胸部作 8 字形包扎。

（2）注意事项

①用夹板固定时，空隙中或关节处用棉花或布填塞；

②只有一块夹板时应放在伤肢外侧；

③没有夹板也可用健肢代替，绑在一起。

第六节　搬　运

伤员在经过止血、包扎、固定的初步处理后，应被送到救护机构，或搬到安全地方，以便进一步治疗。

一、搬运法

1. 一人搬运法

扶持法：将患者一只手臂搭在援助者肩上，协助其行走；

肩负法：将患者背在背上，手从其腿部绕过，向上抓住其双手；

抱持法：将患者一只手臂搭在援助者肩上，援助者一只手托住其背部，另一只手托住其腿部。

2. 二人搬运法

抱持法：一人从后面抱住患者的两肩，另一人抬住两膝；

椅托法：两人面对面，两个人的手在患者背部和腿部交叉拉紧；

田字交叉法：两人面对面，双手以"田"字交叉互握，让患者坐于其上，患者两臂搭在援助者肩上。

3. 三人搬运法

两人在一边，分别托住腿背部和头部，一人在另一边，托住臀部，三人同时用力将患者平躺抬起；

三人在同一侧，分别抱住头颈、腰、腿部，将患者以侧卧体位抬起。

4. 四人用毛毯搬运法

轻轻搬动患者身体，将毛毯平放在患者身体下面，每一侧需两人搬运。

有颈椎、脊柱损伤的病人应放在硬板担架上搬运，搬运时固定好颈部和躯干。

二、颈背部损伤

颈背部的损伤可能累及脊柱，如果处理不当则会出现严重的并发症或后遗症，甚至瘫痪或死亡。

颈背部损伤的症状有颈或背部都疼痛，并可能会有：

（1）麻痹或瘫痪；

（2）感觉异常（没感觉或针刺样感）以及大小便失禁。

处理方法：

（1）不要搬动病人；

（2）不要使病人抬头或扭转头部；

（3）注意保暖并密切观察；

（4）如果需要搬运时，应绑在硬板担架上并加以头颈部固定。

三、擦伤（挫伤）

挫伤可能是由于组织内血管受损而引起内出血，表现有疼痛、局部肿胀和皮下及皮肤颜色的改变。

处理方法：

（1）用冰袋（或凉水）冷敷；

（2）抬高和支持受伤部位，目的是防止出血肿胀和减轻疼痛。

四、关节扭伤

关节扭伤症状：

（1）关节周围韧带撕拉或过抻；

（2）关节肿胀；

（3）关节活动时疼痛。

处理方法：

（1）制动：使受伤关节尽量减少活动；

（2）抬高受伤关节并作冷敷；

（3）用棉纱裹上后以弹性绷带包牢固定受伤关节。

五、脱位

脱位症状：

（1）骨头离开关节位置；

（2）关节变形；

（3）不能活动。

脱位处理：

（1）按单纯骨折加以固定；

（2）不要试图复位关节；

（3）尽量减轻与脱位关节相连的肢位重量（如悬吊）。

六、内脏损伤

内脏损伤往往是因打击、冲击腹部或腹部外伤引起的，损伤的性质和程度很难一时弄清楚。

处理方法：

（1）让患者处于卧位，下肢可稍抬高；

（2）有内出血可能时要禁食禁水；

（3）防休克、注意保暖；

（4）需要搬运时也应保持卧位。

第七节　机上常见病

一、常见病种类

1. 晕机病

晕机是飞机上常见病之一。

（1）表现症状

①头晕乏力；

②面色苍白，出冷汗；

③最主要的是恶心较重时呕吐。

（2）处理方法

①为乘客准备一个干净的清洁袋备用；

②帮助乘客把座椅调整到躺卧位，告诉乘客闭眼休息，同时深呼吸；

③打开通气道，通新鲜空气；

④可能时把乘客尽量调整到座舱中部。

2. 航空性中耳炎

飞行中座舱压力的变化是出现压耳的基础，在飞机下降时，种种原因使咽鼓不能及时打开通气，就会发生航空性中耳炎。

（1）症状

①耳痛、听力下降、耳鸣；

②有时出现眩晕等。

（2）处理

①鼓励病人做吞咽动作、打呵欠、嚼口香糖等，平衡中耳内外气压，叫醒睡着的乘客。

②指导病人学会捏鼻鼓气法。利用后鼻腔冲力开通咽鼓管平衡压力。有上呼吸道感染者，不能用此法。

③如患有鼻炎或感冒的乘客可使用滴鼻净。

④经常乘坐飞机，经常发生航空性中耳炎症状又比较严重者应到专科医院就医诊治。

⑤对于婴儿的哭闹，吸吮奶嘴有助于预防航空性中耳炎。

飞机在飞行过程中，发生航空性中耳炎的常见病因是上呼吸道感染、鼻炎、下鼻甲肥大、严重的鼻中隔艾鼻部病患。

3．心脏病

冠状动脉粥样硬化性心脏病简称冠心病。

心绞痛：由冠状动脉狭窄，痉挛引起血流量减少，致使心肌供血不足而引起的病症。

（1）症状

①突发的心前区疼痛：短时间内出现的胸骨后压榨感、憋闷感，一般不超过15分钟。

②疼痛可放射至左肩、左臂，甚至左手的无名指和小指。

③伴有出汗、心慌、气短、恶心、面色苍白等症状。

④脉搏常加快变弱。

（2）处置

①让病人安静卧位，情绪稳定；

②帮助患者服用自备药品，硝酸甘油舌下含服，每次一片；

③解开病人的紧身衣物，打开通气孔并注意保暖；

④可给予吸氧；

⑤密切观察，关心和安慰病人。

4．心梗

由冠状动脉过度狭窄或阻塞，阻断了心肌供血，致死心肌坏死而引起的病症。

（1）症状

①突发的心前区剧烈疼痛，呈濒死感；

②疼痛持续 30 分钟以上；

③大汗淋漓，恶心、呕吐、面色苍白或发抖；

④血压下降，呼吸困难呈现痛苦病容；

⑤易出现心率失常、昏迷或猝死。

（2）处置

①绝对安静卧位，不能搬动；

②立即吸氧，吸入亚硝酸异戊酯；

③镇定（肌注安定）止痛；

④迅速广播寻求医务人员帮助；

⑤立即报告机长，通知到达站做好急救准备；

⑥如脉搏、呼吸停止要进行心肺复苏；

⑦密切观察病人的生命体征。

5. 腹痛

是临床上常见的一个症状，可以较轻，也可以很重。

（1）胃肠胀气引起的腹痛：由高空飞行气压降低引起胃肠道内的气体膨胀而致。常常伴有其他病症的单纯性的绞痛。

处置方法：

①按单纯骨折加以固定；

②鼓励其把气体排出。

（2）严重腹痛：要鉴别是否为需急诊手术的急腹症。

①症状

- 腹痛持续严重；

- 伴有固定压痛；

- 常有腹肌紧张；

- 常常便秘（无腹泻情况），或伴有发热。

②处理

- 让乘客保持在自己认为最舒适的体位安静休息，使腹肌松弛以减轻病痛；

- 机上广播寻求医务人员的帮助，观察并记录病情；

- 未明确病因，慎用止痛药；

- 要禁食禁水；

- 伴有发热、恶心、呕吐及腹泻的腹痛，应按可疑胃肠道传染病处理；

- 座位隔离；
- 单独收集病人接触过的物品，密封交卫生防疫部门；
- 及时报告机长向有关部门汇报。

二、其他病症

1. 晕厥

晕厥是一种急骤发生、为时短暂的失去知觉和行为能力的状态，是一时性脑缺血、缺氧所致，多发生于久立不动或久蹲、站立排尿、过度疲劳、剧痛、受惊、恐惧、过度悲伤、出血或血糖过低等情况。

（1）晕厥前症状

①头晕、眼花或黑视；

②面色苍白、四肢无力、出汗；

③恶心、呕吐；

④脉搏加快，血压下降；

⑤低血糖者可有饥饿感；

⑥进入晕厥期，患者意识丧失，脉搏细弱、或快或慢，呼吸困难，出汗。

（2）昏厥前处置

①使病人改变原来体位，置于头低脚高卧位（除外脑部外伤）；

②松开紧身衣物；

③在额部进行冷敷。

（3）昏厥中处置

①将病人置于头低脚高体位，平卧（除外脑部外伤），保持呼吸道通畅；

②如果病人有呼吸和心跳，将清醒剂放在病人鼻下使其清醒；

③针刺人中、十宣、百会，掐人中；

④松开紧身衣物；

⑤在额部进行冷敷；

⑥必要时吸氧，呼吸心跳停止应做心肺复苏；

⑦当恢复知觉时，消除病人疑虑并提供热饮料；

⑧观察生命体征。

注意：如果失去知觉时间较长，应立即报告机长，作航班计划外降落。

2. 休克

休克是指由不同原因引起的以急性循环功能障碍为特征的综合症，多是由创伤、失血过多、严重失水、严重心律失常、感染及过敏等引起。

（1）症状

①面部表情淡漠，目光呆滞无光；

②面色苍白，四肢发凉，皮肤湿冷，出冷汗；

③脉搏细弱加快，呼吸浅而不规则；

④血压下降，口渴无力，反应迟钝，嗜睡。

（2）处置

①有出血则首先止血；

②把病人置于头低脚高或适于其病情的体位（脑外伤者除外）；

③没有胃出血者，可适量多次饮水；

④注意保暖，避开通风口，用毯子将病人盖好，防止体温散失；

⑤立即给予吸氧，密切观察脉搏、呼吸、血压的变化；

⑥机上广播寻求医务人员的帮助；

⑦立即报告机长，做好计划外降落准备，通知地面做好急救准备。

3. 癫痫

癫痫：俗称羊角风，是一种常见的神经症状，表现为突发的短暂脑功能异常，有反复发作的倾向。

（1）症状

①突然意识丧失，尖叫一声倒地，牙关紧咬；

②全身发紧，抽搐，全身肌肉强力痉挛，足内翻；

③口吐白沫或流口水或呕吐，可能有大小便失禁；

④脸色由苍白转为青紫。

（2）处置

①不要限制其痉挛，不要搬动，不要试图在病人的上下牙齿之间放置任何东西；

②保护好病人使其不要受伤，抽搐时解开安全带，移走病人身上及周围锐利物品，并在其周围垫上枕头；

③如果病人呕吐，则应给予方便呕吐的姿势，让其呕吐；

④在抽搐结束之后，检查生命体征；

⑤检查病人身上有无疾病标识牌，如有应按照处理，也可以向其同伴询问有关情况；

⑥让病人保持休息，如需要，则给予吸氧；

⑦待病人清醒后询问情况，如病人带有药物应帮助其服药，提供安静环境以保护病人不受打扰；

⑧广播找医生，并报告机长通知地面。

注意：症状往往是随着时间的推移而逐渐减弱的。如果发作时间超过 10 分钟或反复发作，则要尽快获得医疗帮助。

4. 糖尿病

糖尿病患者容易出现低血糖情况，尤其是过分限制饮食和超量使用降糖药时可发生（高血糖）糖尿病昏迷和（低血糖）胰岛素休克。

（1）糖尿病昏迷症状

①饮食过量，表情呈重病容；

②口渴明显，伴有呕吐，腹痛；

③呼吸中有丙酮气味（似烂苹果的甜味）；

④伴有头痛，脉搏加速；

⑤焦虑不安，神志不清，发展到昏迷。

（2）糖尿病昏迷处置

①向病人或同伴（家属）询问有关病史；

②帮助病人服用随身携带的口服药（处方药）；

③如有必要给予吸氧；

④检查生命体征，查看患者有无疾病标识牌；

⑤立即通知机长，并尽可能快地得到医务人员的帮助。

（3）糖尿病胰岛素昏迷症状

①饮食不足，身体虚弱，皮肤苍白、湿冷、出汗；

②无腹痛，不常见呕吐、流口水；

③呼吸急促变浅，脉搏加快；

④强烈的饥饿感；

⑤由淡漠进展到昏迷。

（4）糖尿病胰岛素昏迷处置

①给病人一杯含糖饮料或其他糖果，昏迷时可缓慢地将 1～2 包砂糖放入病人口中，不用液体；

②等待 15 分钟，如没有改善，则重复之；

③观察生命体征；

④广播寻求医务人员的帮助。

注意：在怀疑是胰岛素昏迷或判断不清时应立即给其服甜饮。

5. 脑出血

脑出血是指由于动脉壁变性或破裂大量血浆渗入脑质内引起昏迷和瘫痪，多见于 45～60 岁的高血压病人。

（1）症状

①突起剧烈头痛、晕眩；

②手脚发麻，舌头僵硬（发音不清）；

③面色潮红、呼吸困难、呕吐；

④半身麻木、痉挛、偏瘫；

⑤尿失禁，意识模糊可致昏迷。

（2）处置

①维持病人的原有体位，禁止搬动；

②维持呼吸道畅通；

③吸氧，注意保暖；

④头部冷敷以减少出血量；

⑤广播找医生；

⑥报告乘务长和机长，全航程监护。

6. 气道异物阻塞

患者如有进食时或刚进食后出现清醒状态下的呼吸困难或不能呼吸，或是说不出话来等症状，应该怀疑是气道异物阻塞。

（1）症状

①面色苍白、灰暗甚至发紫，呼吸困难，剧烈咳嗽；

②显得极度紧张，说不出话来；

③患者用手抓自己喉部；

④如人工呼吸时，口对口吹气，吹不进患者肺部。

（2）处置

①立即试用手指取出异物，速度最要紧；

②让患者弯腰，鼓励其用力咳嗽，用力以手掌叩拍患者背部双肩胛之间；

③采用腹部推挤法，见图10.37和图10.38；也叫做海姆里斯手法，让患者弯腰，一手握拳放在上腹部脐上两横指处，另一手抓住此拳然后突然向内上用力猛推6～10次，待患者皮肤颜色好转后以手指探查口腔取出异物；

④对倒地的患者可以骑跨在其大腿上进行腹部推挤，见图10.39；

⑤在异物没有排出之前应避免口对口吹气，否则异物将可能进入更深，从而使阻塞更难解除；

⑥儿童气道阻塞时也可以采用腹部推挤法，力量应小些，见图10.40；

⑦婴儿气道阻塞时应采用拍背推胸法，见图10.41，轻拍婴儿背部4次，按压胸部4次，操作时保持头部位置低。

案 例

及时得当处置　婴儿转危为安

　　某航空公司的航班上，一名乘务员正在客舱巡视，被一位乘客急呼过去，原来是她的小宝宝误吞了果仁。乘务员急忙过去，见到婴儿哭声也逐渐减小，面部和嘴唇已经发紫，便立即采取急救措施，把婴儿骑跨并俯卧于自己的胳膊上，使其头低于躯干，用另一只手的小鱼肌拍击婴儿两肩胛骨之间的背部，很快甲盖般大小的果仁从婴儿的鼻子中流出。婴儿顿时有了哭声，脸色转为红润。如果不是这位有经验的乘务员在最短的时间内将卡在婴儿气管内的果仁及时拍击出来，而是按照理论处置，先通知乘务长，乘务长再广播寻找机上是否有医生或护士，然后再处理，期间耽误的几分钟，婴儿就有可能因为呼吸不畅而生命垂危了。乘务员对婴儿处置及时、处置方法得当而得到了全体乘客赞赏和钦佩。

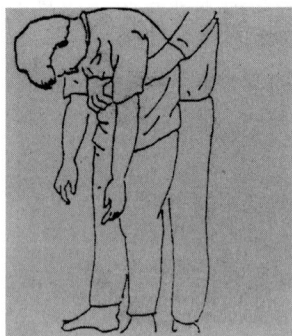

图 10.37　站立位腹部推挤法

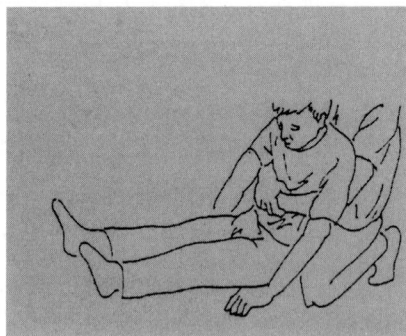

图 10.38　坐位腹部推挤法

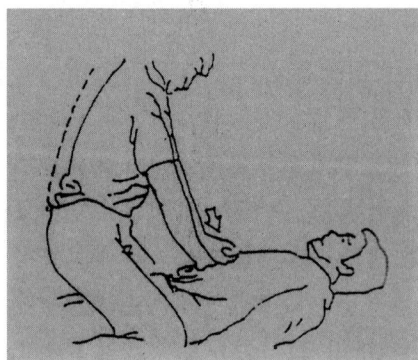

图 10.39　仰卧位腹部推挤法

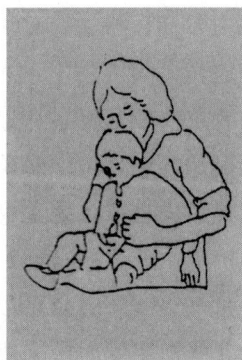

图 10.40　儿童单手腹部推挤法

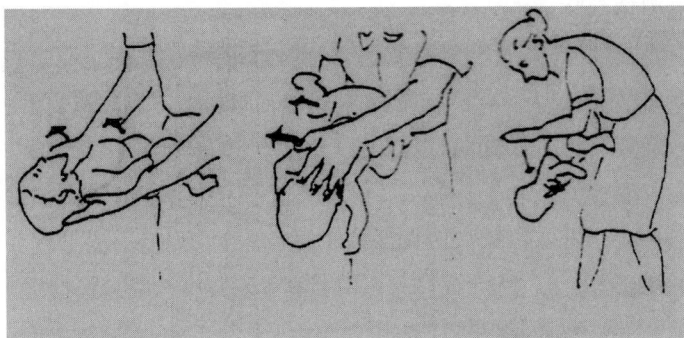

图 10.41 婴儿拍背推胸法

7. 毒品中毒

（1）症状

①行为动作失去协调；

②瞳孔大小异常；

③产生幻觉；

④恶心；

⑤疼痛的敏感性降低；

⑥昏迷；

⑦对光、声音、温度敏感；

⑧抽搐；

⑨呼吸减弱。

（2）处置

①检查生命体征；

②防呼吸停止、呕吐、抽搐；

③不诱发呕吐；

④必要时给予吸氧；

⑤与病人交谈，以得到他/她的信任并帮助其保持意识清醒；

⑥询问病人的病史；

⑦不给予含咖啡因的饮料；

⑧为休克病人提供急救；

⑨观察生命体征。

8. 急性酒精中毒

（1）症状

①呼吸中有酒精气味；

②嗜酒；

③脸红，继而又变苍白；

④脉搏跳动强烈，随后又变弱；

⑤如同睡觉般地呼吸；

⑥行为神志不清，讲话含糊，协调能力下降；

⑦恶心，呕吐。

（2）处置

①不允许再喝酒；

②提供无酒精的饮料，建议不要进食咖啡因；

③鼓励进食，特别是高蛋白食品，如花生仁等；

④鼓励睡觉；

⑤对其进行保暖并让其休息；

⑥提防其呕吐或抽搐；

⑦观察生命体征。

9. 过度通气

紧张、焦虑或晕机常常会使人不自主地加深加快呼吸。深和快的呼吸使得体内呼出过多的二氧化碳，可引起呼吸性碱中毒。

（1）症状

①呼吸频率明显过快，深度过深；

②头昏、视物模糊，手、脚和嘴唇麻木并有刺痛感；

③肌肉僵硬痉挛，不能保持平衡，甚至昏迷。

（2）处理

①向患者指出并解释症状和呼吸过深过快的后果；

②安慰患者并告诉其控制呼吸（减慢呼吸并不时屏气）；

③或让患者对着一个大袋子缓慢呼吸；

④或用一个未接通氧气瓶的面罩呼吸。

10. 哮喘

哮喘是一种常见的发作性的肺部过敏性疾病。

（1）症状

①患者呼吸困难，尤以呼吸困难为主；

②患者端坐呼吸或身体前靠呼吸；

③咳嗽、胸闷气喘、多痰；

④可以听到明显的哮鸣音；

⑤患者常焦急，说话困难。

（2）处置

①安慰患者使之保持镇静；

②调整座椅使其坐直并稍向前倾身体以助呼吸；

③如果病人带有药物应尽快让其服用；

④可以给病人吸氧。

11. 烧伤烫伤

烧伤烫伤是由高温、热的液体，接触皮肤而引起的。飞机上发生的烫伤多是由热饮料所致的轻度烫伤。

（1）症状

①轻度烧伤或烫伤时，伤部明显疼痛触痛，皮肤发红、水肿或起水泡；

②重度烧伤烫伤时，皮肤深度损伤，有组织暴露，皮色苍白色呈蜡样改变。

（2）轻度烧伤烫伤时的处置

①用大量凉水冲或冰敷伤部以减轻损伤和止痛；

②不可弄破水泡，不要强行去除烧伤部位的各种物质；

③拭干患部后，敷上烧伤药或敷料后包扎上（脸部不包）；

④脸部烫伤不能包扎，使之在空气中自然风干。

（3）重度烧伤烫伤时的处置

①不可用水冲或任何冷敷，不要试图去除伤部的沾染物；

②在出现明显肿胀前轻柔地脱去伤部各种穿戴物；

③以干的消毒敷布敷在伤部并加以包扎；

④为防止脱水要经常给病人喝少量的水或饮料。

（4）化学物烧伤时的处置

①尽快用大量清水彻底冲洗；

②轻轻地仔细去掉所有被沾染的衣物。

12. 机上死亡事件

飞机上有人因伤病经急救无效时的处置：

（1）有医生在场时

①请医生帮助判定是否死亡，如已死亡应请医生填写死亡报告（机上急救报告单），一式三份，并请医生、机长、乘务长在相应部位分别签名。

②在到站前及时向机长汇报，详细报告地面机上所有发生的情况，并按机长/医生的指令搬移尸体。

③到站后将死亡报告一份交机场有关部门，一份交帮助急救的医生，一份交乘务主管部门。

（2）没有医务人员在场时

①及时通过机长通知到达站地面，机上有危重病人需做好急救准备；

②按要求填写机上事故报告；

③尽可能由机长联络基地急救部门，并取得其支持，按其指令行事；

④尽力安慰和帮助死者的亲友。

第八节　常见传染病的防治

所谓传染病，一般是指能够传染给别人而且可能引起不同范围的流行与扩散的疾病。每一种传染病都有一定的病原体——病毒、细菌、原虫或螺旋体等，通过不同途径侵入人体后而发病。

传染病的发生与传播一般要有三个主要环节，即传染源→传播途径→易感人群。因此，预防传染病所采取的一切措施，也都是围绕这三个主要环节进行的。

机上发生可疑传染病时的处置：

（1）适当的隔离；

（2）单独收集该病人接触过的物品并交地面卫生防疫部门处理；

（3）及时报告机长并通知到达站有关部门；

（4）避免在机上造成恐慌和不安。

一、国境检疫疾病

1. 鼠疫

鼠疫是鼠疫杆菌通过鼠类运动间借助于蚤类传播的一种烈性传染病，传染性强，病死率高。一次感染可获得持久性免疫。

鼠疫杆菌虽然对外界有较强的抵抗力，是典型的自然疫源性疾病，但对日光、高热及消毒剂较敏感。化学清毒剂如来苏儿、石碳酸、漂白粉、福尔马林、升汞等在常用浓度均可迅速杀死鼠疫杆菌。

传染源：老鼠→跳蚤→人体，亦可通过带有鼠疫杆菌的病人同健康人体直接接触传染。

在我国青海有一种旱獭，也可传播鼠疫。肺鼠疫还可借助飞沫、空气传播，造成人类肺鼠疫流行，多发于冬季。

主要临床表现：起病急，有高热、寒战、头痛、四肢剧痛、恶心、呕吐等症状；惊慌、言语不清、面部及眼结膜极度充血，步态不稳如酒醉状态；随后病人很快发生意识模糊、脉细而快、血压下降、呼吸加快、肝脾肿大，亦可有鼻出血、尿血、胃肠道出血等。腺鼠疫还可出现全身淋巴结肿大和剧痛，严重者可很快昏迷。

预防措施：

（1）本病是国境检疫疾病，出入国境口岸应严格执行《中华人民共和国国境卫生检疫法》及《中华人民共和国国境卫生检疫法实施细则》。

（2）结合爱国卫生运动，大力开发灭鼠活动，努力创造"无鼠害"机场。

（3）按规定接种鼠疫活菌苗。

（4）对疫区及患者，严格按规定进行检疫、隔离、消毒，并立即报告有关部门。

2. 霍乱（副霍乱）

该病是一种由霍乱弧菌（或副霍乱弧菌）引起的肠道烈性传染病，多发生于夏秋季节。该病起病急，传播速度快，波及范围广，死亡率高。

主要临床表现：发病急，突发频繁腹泻，先泻后吐，多无腹痛及里急后重症状，大便初期呈黄水样，而后呈米汤样。严重者可有高烧、脱水、虚脱、甚至休克。若医治不及时，死亡率较高。

预防措施：

（1）本病是国境检疫疾病，出入我国口岸严格执行《中华人民共和国国境卫生检疫法》及其实施细则。

（2）加强饮用水消毒和食品卫生管理，消灭苍蝇。

（3）若发现此种病人要按规定进行检疫隔离、消毒和及时治疗，并立即向上级有关部门报告。必要时可在医师指导下服四环素类药物进行预防。

（4）接种霍乱疫苗。

3. 黄热病

黄热病是由黄热病毒引起的一种急性传染病，也属于国境检疫疾病。本病主要流于中南美（南纬30°至北纬15°的范围内）和非洲。我国没有黄热病发生。本病的传染源主要是病人，其次是病猴。传染媒介是伊蚊，一般流行于3～4月份。潜伏期为3～6天，亦可长达10～13天。

主要临床表现：典型的黄热病起病大多急剧，初有寒战，继而高热、剧烈头痛、全身肌痛、腰背酸痛、恶心呕吐、颜面潮红、皮肤干热，病人常烦躁不安。初期脉搏较快，而后逐渐变慢，即出现相对缓脉现象，这是本病的一个临床特征。三天过后若继续发展，主要是侵犯肝脏、肾脏，便可出现黄疸和蛋白尿，以及皮肤、口腔、鼻腔、泌尿道和胃肠部位出血。除严重病例外，黄疸一般不太深。但若不及时治疗，死亡率也较高。

黄热病严重的典型病人较少，而轻症病人较多，一般只出现发热、头痛，而不伴有出血、黄疸和蛋白尿，故常易误诊。

预防措施：黄热病在治疗上没有特效疗法，主要是对症治疗。预防接种是最重要的有效措施，因此，凡准备进入黄热病流行国家或地区的人员都应进行黄热病疫苗皮下接种，有效期为 10 年。

二、消化道传染病（病毒性肝炎）

病毒性肝炎是由肝炎病毒引起的一种传染病。肝炎病人及带病毒者，即 HBsAg 阳性者（乙型肝炎表面抗原阳性者），是肝炎的传染源。不同的肝炎类型，传染途径也不相同。病毒性肝炎分甲型、乙型、丙型、戊型等多种。

甲型肝炎病毒主要从粪便中排出体外，通过日常生活接触而经口传染。潜伏期一般在 15 ~ 42 天，发病较急，多伴有黄疸。

乙型肝炎多由输血、应用血液制品、使用污染的注射器具而感染，也可经口传染。乙型肝炎潜伏期较长，一般为 60 ~ 160 天，起病缓慢，患者往往不知从何时发病。

丙型肝炎的传染途径是血液传播。

肝炎主要临床表现：发热、疲乏无力、恶心呕吐、食欲减退、厌油、腹胀、腹痛、肝区胀痛、叩痛。黄疸型肝炎可出现黄疸，首先表现在尿黄，眼巩膜黄染（即白眼球发黄）等。检查时可有肝脏肿大、压痛以及肝功能化验异常等变化。如在急性期治疗不彻底，可转变为延迟性肝炎或慢性肝炎。

防治措施：加强对传染源的控制、隔离和治疗。一般来说，急性黄疸型肝炎病人易引起人们的重视和隔离，但对慢性肝炎病人及带病毒者，人们就往往不予重视，这就给肝炎病毒的传播造成了扩散的机会。

切断传染途径：

（1）加强饮食卫生管理，严格执行《中华人民共和国食品安全法》；

（2）养成良好的个人卫生习惯，饭前便后要用肥皂洗手；尽量避免在卫生条件差的饭馆就餐，把好"病从口入"关；

（3）若有与肝炎病人接触史者，应及时向航医汇报，对其进行医学观察，必要时肌肉注射丙种球蛋白或服用大枣茵陈汤等进行预防；

（4）注意劳逸结合，增加营养，积极参加体育锻炼，提高机体的抵抗力；

（5）积极接种肝炎疫苗。

三、痢疾

痢疾有细菌性痢疾和阿米巴痢疾之分，最为常见的是细菌性痢疾（简称菌痢），它是由痢疾杆菌引起的消化道传染病，一年四季都可发病，但以夏秋季为最多。若急性菌痢治疗不彻底，还会转成反复发作的慢性菌痢。因此，痢疾是严重危害人体健康的一种肠道传染病。

传染途径除了日常生活接触传染外，苍蝇是传播痢疾的媒介。

主要临床表现：常呈急性发病，有发热、腹痛、大便次数增多，初为稀便，后为脓血便，伴有里急后重，少数人有恶心呕吐症状。重症患者常以高热、抽搐、昏迷等毒血症状为主，而肠道症状却不明显。

防治措施（基本上与病毒性肝炎相似）：

（1）讲究个人卫生，防止"病从口入"；

（2）在高发病季节及地区可多吃大蒜，必要时可在医生指导下服用抗生素进行防治；黄连素，一次 0.2~0.3 克，一日三次；

（3）定期化验大便，直至检查大便三次正常后方可停药；

（4）在民航空中女乘务中患细菌性痢疾者较多，因此应特别注意饮食和个人卫生。

四、食物中毒

食物中毒是由于误食含有害物质的食物而引起的急性中毒性疾病。食物中毒可分为细菌性食物中毒、有毒动植物中毒和化学毒物中毒等。以细菌性食物中毒最为多见。细菌性食物中毒是指食入被细菌及其毒素污染的食物而引起的急性中毒性疾病，多发生于夏秋季节。

主要临床表现：

（1）患病者共同食用被细菌或毒素污染的食物，故多数（3 人以上）是同时发病并且症状基本一致；

（2）潜伏期短，一般在进食 2~4 小时后发病；

（3）有明显的季节性，一般多发生于夏秋季；

（4）临床表现主要是急性胃肠炎症状，如恶心呕吐、腹痛腹泻，可伴有发热。

预防措施：

（1）不买、不食不洁或腐烂变质的食物；

（2）凉拌菜要洗净、消毒；

（3）隔夜菜食用前要加热彻底；

（4）同一机组人员在机上不要同时食用同一饭菜，或采取正副驾驶间隔一小时进餐，以保证飞行安全。

五、呼吸道传染病

1. 流行性感冒

流行性感冒简称为"流感"，是由流感病毒引起的一种传染性很强的呼吸道传染病。少至一家一户、一个单位、一个地区，多则发生世界大流行。1968 年 7 月香港、2009 年 4 月墨西哥发现流感，在半年内，迅速波及全世界。随着现代化交通运输工具的广泛应用，特别是在航空运输业大力发展的情况下，流感的传播流行速度也相应加快。

主要临床表现：发病突然、高热、周身酸痛、头痛、无力、眼结膜明显充血、发红、咽痛、咳嗽、流涕，总之，全身症状重于呼吸道病状。严重者可合并感染引起肺炎、中耳炎等。

防治措施：到目前为止，对流感病毒尚无特效药物，通常的防治措施只是对症治疗，注意休息，勤洗手，多通气，合理饮食，加强锻炼，提高机体的抵抗力，必要时可服用中药。

2. 流行性脑脊髓膜炎

流行性脑脊髓膜炎简称"流脑"，是一种脑膜炎双球菌经呼吸道传染而引起的急性传染病。多在冬春季节流行，尤以三四月份为高峰期，多见于儿童。

主要临床表现：突然高热、剧烈头痛、多呈喷射状呕吐、颈项强直，部分病人伴有皮下片状出血、血压下降和呼吸衰竭等。如发现或怀疑此病，应立即送医院诊治。

防治措施：

（1）在流行高峰期间外出应戴口罩，注意个人卫生，小儿尽量避免到闹市区或其他公共场所；

（2）早晚用淡盐水漱口，吃大蒜、葱或服中药；

（3）可服磺胺嘧啶，成人一次 0.5~1.0 克，一日二次，首次剂量加倍，也可进行流脑疫苗预防接种；

（4）接种流脑菌苗。

六、流行性腮腺炎

流行性腮腺炎（中医称疖腮），是由腮腺炎病毒引起的一种急性呼吸道传染病。病毒主要是侵犯腮腺，有时可侵犯颌下腺、舌下腺、睾丸、卵巢和胰腺等，引起化脓性炎症。

病人是传染源，主要通过飞沫、空气传播，冬春季节发病率较高，儿童多于成人，病后免疫力巩固。

主要临床表现：起病较急，发热、头痛、腮腺肿大，一般先见于一侧，1～3天后累及对侧，但也有双侧同时发病的。肿胀以耳垂为中心，表面不红、边缘不清、触之有弹力感，局部压痛明显，张口咀嚼时疼痛加重，尤以吃酸性食物为甚。腮腺管口可出现红肿，但挤压无脓性分泌物，肿胀约于第3～4日达到高峰，以后渐渐消退，全病程7～12天。

预防措施：对患者及密切接触者进行隔离治疗，室内进行消毒，保持通风；必要时可服中药。

七、其他传染病

1. 疟疾

疟疾是世界上最严重的公共卫生问题之一，每年造成100多万人死亡。

疟疾俗称"打摆子"，主要是由疟原虫引起的传染病。传染源为病人，传播媒介为蚊子。疟原虫分为间日疟、三日疟、恶性疟及卵圆形疟四种。长江流域和华北一带多为间日疟，福建一带多为三日疟，云南、贵州和海南岛等地多为恶性疟。非洲、东南亚及中南美洲患疟疾者最多。

（1）主要临床表现

此病有周期性和间歇性，间日疟隔天典型发作一次。即发作时先突然发冷、寒战、面色苍白，继而发热，体温可达40℃，大量出汗，几小时后体温很快降至正常。三日疟，症状同间日疟，只是每隔两天发作一次。恶性疟，起病较缓慢，发热不规则，症状不典型，体温可达40℃以上。重者可出现说胡话、惊厥、昏迷甚至死亡。

（2）防治措施

①发现病人应早期隔离及时治疗；

②灭蚊及防止蚊子叮咬（宿舍里安装纱门、纱窗，挂蚊帐）；

③要进行抗复发治疗（适用于间日疟和三日疟），每年2～3月份进行。在高疟区可进行预防性服药。

2. 流行性出血热

流行性出血热简称出血热，是由病毒引起的一种自然疫源性疾病。传染源主要是野鼠类，特别是不冬眠而能家野通栖的鼠类，经螨传播。近年来全国各地均有不同程度的散在发生。

（1）主要临床表现

本病潜伏期为 7～16 天，平均为两周，临床上以高热、出血、肾脏损害为主要特征，常伴有头痛、全身痛、恶心呕吐、全身不适甚至休克。死亡率较高，初期易误诊为"流感"。

（2）预防措施

①主要是采取防鼠、灭鼠和个人防护等综合措施；

②疑有此病者应及时住院治疗抢救；

③对患者用具进行隔离消毒。

3．登革热

登革热是指由登革热病毒引起的一种蚊媒急性传染病。该病传播迅速，发病率高。传播源为病人，媒介为蚊子，流行季节为 5～10 月。

（1）主要临床表现

①突然发冷发热，头痛，全身肌肉痛，骨骼关节痛，极度疲乏；

②退热时出现红色皮疹，分布于四肢躯干，伴痒感，疹退脱屑；

③面部潮红，走路不稳，呈醉酒样；

④淋巴结肿大，可有出血、皮肤瘀血、鼻衄、牙龈出血、胃肠出血、血尿、黑便、肝脾肿大等症状。

（2）预防措施

①加强疫情观测，及时隔离疑似或确诊病人；

②加强口岸卫生检疫，防止本病的传入和传出；

③防蚊、灭蚊；

④注射登革热病毒活疫苗。

4．结核病

结核病是一种由结核杆菌传播的慢性传染病，通过飞沫传播。我国是全球 22 个结核病严重的国家之一。

结核病中最常见的是肺结核。肺结核是慢性和缓发的传染病。

（1）主要症状

咳嗽、咳痰、发热，如上述症状出现超过 3 周，就应该到结核病专业机构或医院就诊检查。

（2）预防措施

①新生儿及时接种卡介苗；

②工作、生活环境要经常通风；

③加强体育锻炼，保持合理饮食，增强人体免疫力；

④卫生宣教积极参加预防工作，养成不随地吐痰的良好习惯，协助医疗机构早期发现病人。

5. 破伤风

破伤风是由破伤风杆菌侵入人体伤口后引起的疾病，本病病情严重，可造成很高的死亡率。

（1）主要症状

①畏寒、全身不适，发热；

②下颌感到紧张，咬嚼有困难；

③牙关紧闭，吞噬困难，呈"苦笑"表情；

④全身肌肉（颈、躯干、四肢）发生强直性痉挛，呈角弓反张。

（2）预防措施

①伤口处理：实施彻底扩创，使用清创球去掉异物和坏死组织；

②注射破伤风抗毒素，如过敏需进行脱敏注射；

③预防接种破伤风类毒素。

6. SARS（非典）：严重急性呼吸道综合症

SARS是一种急性呼吸道传染病，传染力强，死亡率高，是由变异的冠状病毒引起的。本病经过空气飞沫传播。

7. 甲型H1N1流感

该病是通过呼吸道飞沫传播的传染病。

（1）主要症状

发热、咽痛、流涕、打喷嚏、咳嗽。

甲型H1N1流感可控、可防、可治，要做到早发现、早隔离、早诊断、早治疗。

（2）预防措施

①讲卫生、勤洗手、少去人多的地方；

②不要随地吐痰，打喷嚏或咳嗽时用纸巾按住口；

③去公共场所戴口罩，合理作息，增强营养，加强锻炼。

8. 红眼病

现代医学把"红眼病"称为流行性急性出血性结合膜炎，它是由病毒引起的一种急性传染性眼病。常在夏秋季爆发流行。红眼病的潜伏期最短为2～3小时，最长约43小时，95%以上的患者在接触后24小时内发病。此病主要通过接触传染，主要传染途径是患眼→水→健眼，或者患眼→手或物→健眼，通过水源传播较快而普遍。

（1）主要临床症状

眼睑水肿、异物感、针刺感、怕光、流泪、分泌物增多、视力下降等，还可伴有头痛、低热、疲劳、流涕、咽痛等全身症状。一般 1～2 天症状达高峰，多数病人 5～7 天痊愈。

（2）预防措施

在流行期间，尤其应注意手的卫生，先用肥皂洗净手而后再洗脸，洗脸用具要隔离，保持清洁。在治疗上无特效药，一般可用抗生素眼药水点眼进行防治，也可用中药水煎后洗眼，必要时可戴墨镜，以减轻症状。

9. 艾滋病（AIDS）

艾滋病，即获得性免疫缺陷综合症，是一种使人体免疫力缺乏，由人类免疫缺陷病毒（HIV）引起的严重传染病。该病毒进入人体后使机体免疫功能受到严重破坏而失去抵抗疾病的能力，易引起某种肿瘤而导致死亡。该病死亡率极高，被称为"超级癌症"。

由于艾滋病的病毒主要存在于精液和血液中，故传播途径为性传播、血液传播、母婴垂直传播，另外唾液及泪液中也含有此病毒，即使不亲密接触也可受染。

（1）主要临床表现

此病潜伏期为两个月到两年。开始时可能无症状，以后可有持续发热、盗汗、乏力、全身淋巴结肿大、食欲不振、腹泻、咳嗽、呼吸困难、咽痛及吞咽困难、口腔内长白斑以及皮下黏膜、上消化道出血或便血、血尿等。体质明显下降，极度衰竭。并发卡氏肺囊虫肺炎和卡波济氏肉瘤是死亡的主要原因。

（2）主要预防措施

①对艾滋病要正确认识，不要恐惧或麻痹大意。一般接触是不会感染上艾滋病病毒的，但不得共用牙刷、刮须刀等。

②严守法纪，保持个人贞节，严禁不正当的性行为，杜绝与艾滋病病毒感染者或艾滋病病人发生性接触。

③不得从国外带入被艾滋病病毒污染或可能造成艾滋病传播的血液和血液制品、生物制品、动物及其他物品。

④机组人员在旅途中如发现疑似艾滋病病人，应就近向预防、医疗保健机构报告；艾滋病病人不得登机或入境；艾滋病病人接触过的物品要交卫生单位严格消毒。一般用浓度为 1%～2% 的漂白粉澄清液消毒。

⑤在国外居留一年以上回国者，须在回国后两个月内到指定的专业机构接受检查。

第九节　机上分娩

一、万米高空环境对孕妇的影响

客舱环境的改变，在飞行中气流的影响，会造成飞机颠簸，高空环境含氧量降低，会使乘客感到紧张，以上这些因素都可使孕妇流产或早产。

由于飞机上医疗条件简陋，设施欠缺，分娩的危险性很大，如果出现难产、大出血、羊水栓塞等急症或者新生儿发生窒息，飞机上条件无法处理。分娩后胎盘滞留、感染等意外，同样对产妇是致命的威胁。

二、中国民航局规定

怀孕 35 周以上的妇女，不适宜乘坐飞机。起飞前 72 小时以内进过专科检查，专科医生出具证明者除外（后果自负）。

国际航空运输协会（IATA）规定，怀孕 32～35 周的孕妇，不宜乘坐飞机，如特殊情况，需有专科医生开具的许可证，许可证必须是 7 日内签发的，怀孕 35 周以上的孕妇或距离预产期 4 周的孕妇不允许乘机。

三、机上分娩原则

机上分娩原则上让其自然分娩，不要施予更多帮助，空中乘务员应帮助，保护好会阴。

四、分娩的正常产程

第一期宫颈扩张期：子宫颈口要经过相当一段时间准备，才能扩张到可以让胎儿通过分娩出。主要表现为孕妇出现有规律的宫缩（绞痛）。这一期初产妇约需 11～12 小时，经产妇约需 7～8 小时。

第二期胎儿娩初期：是宫口开全到胎儿通过骨盆阴道下降并娩出，正常分娩一般是头先娩出，初产妇需要 1～2 小时，经产妇需要 30 分钟～1 小时。

第三期胎儿娩出期：胎儿娩出之后，胎盘剥离下降，与脐带一起娩出，大约需要

15~30 分钟。

五、临产产兆

出现有规律的宫缩，宫缩的频率渐快，宫缩的持续时间长，宫缩的间隔时间变短。破水：阴道有羊水流出，破水出现在第一期末。第一期开始，如未破膜需人工破膜。

六、接产准备

遇有孕妇进入临产后，应立即做好接产准备工作。同时机上广播寻求医务人员帮助，并报告机长。

1. *物品准备*

（1）几壶烧开过的热水，2~3 个干净的盆。

（2）敷料数块，大块干净方巾 4 块、小毛巾 2 块（保护会阴用）、吸耳球 1 个、剪刀、粗丝线（1 尺长，2~3 根）、75% 酒精、碘酒、镊子、体温计、毛毯 2 块、塑料布 1 块、塑料口袋数个、卫生巾数包、肥皂 1 块、消毒手套 2 副。剪刀、粗丝线、镊子应用酒精消毒。

2. *产妇准备*

（1）在飞机上隔出一块地方或用三个后排座椅搭成临时床。在临时床上铺上毛巾、毯子，再铺上干净塑料布，使孕妇躺下，褪去内裤，并在臀部垫一枕头，注意用毛毯保暖，用卫生巾或吸水性能好的纸巾垫在孕妇臀部周围。

（2）保持安静并安慰孕妇。

七、接产

在进入第二产程（即胎儿娩初期）胎儿将很快娩出（初产妇不超过 2 个小时，经产妇更快）。

1. *产妇表现*

（1）腹痛和子宫收缩的频率加快（约隔 2 分钟一次），产妇不能控制地向下用力；

（2）随着每次收缩可以看见胎儿的先露部分下降。

2. *处理*

（1）安慰产妇，告诉产妇在两次腹痛中间要放松，禁食；

（2）用块敷料盖住会阴部，用温水清洗产妇会阴部，重新换上塑料布、卫生巾等，接产者将手、臂、指甲清洗干净；

（3）接产者（应无感冒或其他感染迹象）戴好消毒手套，在子宫收缩时鼓励产妇用力，并用手轻轻托住胎儿的先露部分以免过急产出而撕伤产道；

（4）如胎儿有脐带绕颈应予松解，先露部如不是胎头应及时报告机长与有关部门联系；

（5）接产的原则是帮助胎儿自然娩出，胎儿娩出时要特别小心处理以免滑落；

（6）在胎儿娩出，尚未出声（开始呼吸）前：

①将其口鼻内的黏液、羊水清理干净；

②促进呼吸，如果仍无呼吸应将其头冲下轻拍其足底或擦其背部，如不能很快呼吸应做人工呼吸；注意给婴儿保暖；

③处理脐带：在脐带搏动消失（娩出后数分钟）用两根粗丝线分别在距婴儿脐部约10厘米和15厘米处将脐带扎紧并在两结扎点中央将脐带剪断，然后再在距脐部约3～4厘米处用第三根脐带线扎紧，并在距此结扎线4～5厘米处剪断脐带，看是否有出血，如已出血，用碘酒、酒精消毒断端，用消过毒的敷布裹好脐带断端并包在婴儿腹部；

④新生儿保暖：检查新生儿有无异常并让母亲看看，用软布、温水擦干净新生儿身体，将新生儿用柔软布包好裹上毛毯，放在母亲能够得着的一侧用枕头围成并垫好的小床内，盖好保暖。

八、胎盘娩出期的处理

在胎儿娩出后的半个小时内胎盘应自然娩出（即第三产程）。

1. 表现

（1）产妇有轻微的腹痛（子宫收缩）；

（2）脐带随着子宫收缩下降，紧接着胎盘从产道排出。

2. 处理

（1）胎儿娩出后要密切观察产妇表情、脉搏和阴道出血情况及脐带下降情况。可鼓励产妇自己轻柔下腹以助子宫收缩，同时注意产妇保暖。

（2）不可强力拉拽脐带使其下降，以免胎盘全部或部分残留在子宫内导致产后大出血。

（3）胎盘娩出后要清洗产妇会阴部，查看阴道是否有撕裂伤，并使其舒适地躺好，需要多垫些卫生巾、卫生纸，盖上毛毯，注意观察阴道出血情况，脉搏出现休克要抬高产妇双腿并注意保暖。

九、记录

将各种情况及时报告机长，通告地面要救护车、妇产科医生到站接机。到站后将母子及胎盘和一份情况记录单交医务人员送往有妇产科的医院。

第十节 机上急救设备

根据 CCAR-121 部规定，乘客航班上应备有急救箱、应急医疗药箱。如发现航班飞机上的急救设备不符合中国民航的最低要求时，应补充达到要求后再起飞。

一、急救箱

（1）每架飞机在载客飞行中急救箱的数量不得少于表 10-1 的规定：

表 10-1 飞机在载客飞行中急救箱的数量

乘客座位数量（个）	急救药箱数量（个）
100 以下（含 100）	1
101～200	2
201～300	3
301～400	4
401～500	5
500 以上	6

（2）急救箱应尽可能均匀地放在飞机上易于取用的位置。

（3）每只急救箱应当能防尘防潮。

（4）每只急救箱内至少配备以下医疗用品（见表 10-2）：

表 10-2　急救箱内配备的医疗用品及数量

项　　目	数　　量
绷带 5 列（3cm）	5 卷
绷带 3 列（5cm）	5 卷
皮肤消毒剂及消毒棉	适量
敷料（纱布），10cm×10cm	10 块
三角巾（带安全别针）	5 条
动脉止血带	1 条
外用烧伤药膏	3 支
手臂夹板	1 副
腿部夹板	1 副
胶布，1cm、2cm（宽度）	各 1 卷
医用剪刀	1 把
医用橡胶手套	2 副
单向活瓣嘴对嘴复苏面罩	1 个
急救箱手册（含物品清单）	1 本
事件记录本或机上应急事件报告单	1 本（若干页）

（5）不适于装在急救箱内的手臂夹板和腿部夹板可以存放在距离急救箱尽可能近的易于取用的位置。

（6）使用

①在机上出现外伤或需用其中用品时即应取用；

②经过急救训练的乘务人员或在场的医务人员或经专门训练的其他人员均可打开并使用此箱内物品，但非本航班乘务员应在开箱时出示其相关的证书证件；

③用后要做好相应记录，一式两份，要由带班乘务长或机长签名，记录单应一份交使用人，一份留箱内交回主管部门。

二、应急医疗药箱

（1）按 CCAR-121 部所要求的应急医疗药箱应当满足以下条件和要求：

①每架飞机在载客飞行时应当至少配备一只应急医疗箱，存放在易于取用的位置；

②应急医疗箱应当妥善存放，能够防尘、防潮、防不良温度损坏；

③每只应急医疗箱内应当至少配备以下医疗用品和物品（见表 10-3）：

表 10-3　应急医疗药箱内配备的医疗用品及物品

项　目	数　量
血压计	1 个
听诊器	1 个
口咽气道（大、中、小）	各 1 个
静脉止血带	1 条
脐带夹	1 个
医用口罩	2 个
医用橡胶手套	2 副
皮肤消毒剂	适量
消毒棉签（球）	适量
体温计（非水银式）	1 支
注射器（2ml、5ml）	各 2 支
0.9% 氯化钠	至少 250ml
1∶1000 肾上腺素单次用量安瓿	2 支
盐酸苯海拉明注射液	2 支
硝酸甘油片	10 片
醋酸基水杨酸（阿司匹林）口服片	30 片
应急医疗箱手册（含药品和物品清单）	1 本
事件记录本或机上应急事件报告单	1 本（若干页）
箱内医疗用品清单和药物使用说明	1 份

（2）使用

①只要机上有危、重、伤、病乘客，广播找医务人员帮助，应提供医疗药箱内物品名称、使用说明，供医务人员使用；

②当有人要求打开并使用其内物品时，需确认并记录证明该人身份为医生有效的证明，即医生执照或护士执照；

③其他需要的场合机长有权决定打开并取用其中的相关用品；

④使用医疗药箱后，应一式三份作好使用记录，并在相应位置请机长、使用医生和带班乘务长分别签名；

⑤将医疗药箱使用登记表一份交到达站的有关部门，一份交使用药箱的医生，另一

份留在医疗药箱内交回航卫中心作统计；

⑥按年度将医疗药箱使用情况作好统计，报民航管理局的有关部门。

三、卫生防疫包

卫生防疫包应当满足以下条件和要求：

（1）每架飞机在载客飞行中所配备的卫生防疫包的数量不得少于每100个乘客座位1个（100座以内配1个）；

（2）每个卫生防疫包应当能够防尘、防潮；

（3）每个卫生防疫包应当配备以下药品和物品（见表10-4）：

表10-4　卫生防疫包内应配备的药品及物品

项　　目	数　　量
液体、排泄物消毒凝固剂	100 克
表面清理消毒片	1～3 克
皮肤消毒擦拭纸巾	10 块
医用口罩和眼罩	各1个（副）
医用橡胶手套	2 副
防渗透橡胶（塑料）围裙	1 条
大块吸水纸（毛）巾	2 块
便携拾物铲	1 套
生物有害物专用垃圾袋	1 套
物品清单和使用说明书	1 份
事件记录本或机上应急事件报告单	1 本（若干页）

思考题

1. 心率即心跳的速度，是基本的生命活动之一，在安静状态下，正常成年人的脉搏每分钟为多少次？

2. 健康成年人正常呼吸频率是（　　　）次/分钟。

3. 根据世卫组织规定，正常血压应为多少？

4. 在飞机上遇严重伤病时的处理程序是什么？

5. 急救的一般原则是什么？

6. 判断意识的方法是什么？开通气道的三种方法是什么？

7. 气道阻塞的两种情况是什么？什么是呼吸检查法？

8. 了解胸外心脏按压的定位方法和按压速度。

附录1 关于在航空器内的犯罪和其他某些行为的公约

（1963年9月14日 东京）

备注：中华人民共和国政府不受该公约第二十四条第一款的约束。中华人民共和国政府1997年6月5日通知，中华人民共和国政府于1978年11月14日交存加入书的该公约将自1997年7月1日起适用于香港特别行政区。同时声明，中华人民共和国政府于1978年11月14日交存加入书时对该公约第二十四条第一款所做的保留也适用于香港特别行政区。中华人民共和国政府1999年12月6日通知，中华人民共和国政府于1978年11月14日交存加入书的该公约将自1999年12月20日起适用于澳门特别行政区。同时声明，中华人民共和国政府对该公约第二十四条第一款所做的保留也适用于澳门特别行政区。

本公约缔约国协议如下：

第一章 公约的范围

第一条

一、本公约适用于：

（甲）违反刑法的罪行；

（乙）危害或能危害航空器或其所载人员或财产的安全，或危害航空器上的良好秩序和纪律的行为，无论是否构成犯罪行为。

二、除第三章规定者外，本公约适用于在缔约一国登记的航空器内的犯罪或犯有行为的人，无论该航空器是在飞行中、在公海上或在不属于任何国家领土的其他地区上。

三、在本公约中，航空器从其开动马力起飞到着陆冲程完毕这一时间，都应被认为是在飞行中。

四、本公约不适用于供军事、海关或警察用的航空器。

第二条

在不妨害第四条规定的条件下以及除非出于航空器及其所载人员或财产的安全需要外，本公约的任何规定均不得被解释为准许或要求对政治性刑法或对以种族或宗教歧视为基础的刑法的犯罪，采取某种措施。

第二章　管 辖 权

第三条

一、航空器登记国有权对在该航空器内的犯罪和所犯行为行使管辖权。

二、缔约国应采取必要的措施，对在该国登记的航空器内的犯罪和行为，规定其作为登记国的管辖权。

三、本公约不排斥根据本国法行使刑事管辖权。

第四条

非登记国的缔约国除下列情况外，不得对飞行中的航空器进行干预以对航空器内的犯罪行使其刑事管辖权。

（甲）该犯罪行为在该国领土上发生后果；

（乙）犯人或受害人为该国国民或在该国有永久居所；

（丙）该犯罪行为危及该国的安全；

（丁）该犯罪行为违反该国现行的有关航空器飞行或驾驶的规定或规则；

（戊）该国必须行使管辖权，以确保该国根据某项多边国际协定，遵守其所承担的义务。

第三章　机长的权力

第五条

一、除航空器前一起飞地点或预定的下一降落地点不在登记国领土上，或航空器继续飞往非登记国领空，而罪犯仍在航空器内的情况外，本章规定不适用于航空器在登记国领空、公海上空或不属于任何国家领土的其他地区上空飞行时，在航空器内所发生或行将发生的犯罪和行为。

二、虽然有第一条第三款的规定，在本章中，航空器从装载结束、机舱外部各门关闭时开始直至打开任一机舱门以便卸载时为止的任何时候，应被认为是在飞行中。航空器强迫降落时，本章规定对在航空器上发生的犯罪和行为仍继续适用，直至一国主管当局接管该航空器及其所载人员和财产时为止。

第六条

一、机长在有理由认为某人在航空器上已犯或行将犯第一条第一款所指的罪行或行为时，可对此人采取合理的措施，包括必要的管束措施，以便：

（甲）保证航空器、所载人员或财产的安全；

（乙）维持机上的良好秩序和纪律；

（丙）根据本章的规定将此人交付主管当局或使他离开航空器。

二、机长可以要求或授权机组其他成员给予协助，并可以请求或授权但不能强求旅客给予协助，来管束他有权管束的任何人。任何机组成员或旅客在他有理由认为必须立即采取此项行动以保证航空器或所载人员或财产的安全时，未经授权，同样可以采取合理的预防措施。

第七条

一、按照第六条规定对一人所采取的管束措施，除下列情形外，不得在航空器降落后以外的任何地点继续执行：

（甲）此降落地点是在一非缔约国的领土上，而该国当局不准许此人离开航空器，或者已经按照第六条第一款（丙）项对此人采取了措施，以便将此人移交主管当局；

（乙）航空器强迫降落，而机长不能将此人移交给主管当局；

（丙）此人同意在继续受管束下被运往更远的地方。

二、机长应尽快并在可能时，在载有按第六条规定受管束措施的人的航空器在一国领土上降落前，将该航空器载有一个受管束措施的人的事实及其理由，通知该国当局。

第八条

一、机长在有理由认为某人在航空器内已犯或行将犯第一条第一款（乙）项所指的行为时，可在航空器降落的任何国家的领土上使该人离开航空器，如果这项措施就第六条第一款（甲）项或（乙）项所指出的目的来说是必要的。

二、机长按照本条规定使一人在某国领土内离开航空器时，应将此离开航空器的事实和理由报告该国当局。

第九条

一、如机长有理由认为，任何人在航空器内犯了他认为按照航空器登记国刑法是严重的罪行时，他可将该人移交给航空器降落地任何缔约国的主管当局。

二、机长按照上款规定，拟将航空器内的一人移交给缔约国时，应尽快，并在可能时，在载有该人的航空器降落于该国领土前，将他要移交此人的意图和理由通知该国当局。

三、机长依照本条规定，将嫌疑犯移交当局时，应将其按航空器登记国法律合法地占有的证据和情报提供该当局。

第十条

对于根据本公约所采取的措施，无论航空器机长、机组其他成员、旅客、航空器所有人或经营人，或本次飞行是为他而进行的人，在因遭受这些措施而提起的诉讼中，概不负责。

第四章　非法劫持航空器

第十一条

一、如航空器内某人非法地用暴力或暴力威胁对飞行中的航空器进行了干扰、劫持或非法控制，或行将犯此类行为时，缔约国应采取一切适当措施，恢复或维护合法机长对航空器的控制。

二、在前款情况下，航空器降落地的任何缔约国应允许其旅客和机组成员继续其旅行，并将航空器和所载货物交还给合法的占有人。

第五章　国家的权力和义务

第十二条

缔约各国应允许在另一缔约国登记的航空器的机长按照第八条第一款的规定使任何人离开航空器。

第十三条

一、缔约各国应接受航空器机长按照第九条第一款的规定移交给它的人。

二、如果缔约各国在认为情况需要时，应即采取拘留或其他措施以保证被怀疑为曾犯了第十一条第一款所指的行为的人以及被移交给它的人仍在境内。采取拘留和其他措施必须符合该国法律规定，而且只有在为了进行刑事追诉或引渡罪犯程序所必要的期间内，才可维持这些措施。

三、对根据前款予以拘留的人在其立即与其本国最近的合格代表进行联系时，应予以协助。

四、任何缔约国，在接受按照第九条第一款的规定移交给它的人时，或发生第十一条第一款所指的行为后航空器在其领土上降落时，应立即进行初步调查，以弄清事实。

五、当一缔约国按照本条规定将一人拘留时，应立即将拘留该人和必须对其进行拘留的情况通知航空器登记国和被拘留人的本国，如果认为适当，并通知其他有关国家。按照本条第四款规定进行初步调查的国家，应迅速将调查的结论通知上述各国，并说明它是否意欲行使管辖权。

第十四条

一、按照第八条第一款规定离开航空器的人，或依照第九条第一款规定被移交的人，或在犯了第十一条第一款所指的行为后离开航空器的人，当其不能或不愿意继续旅行，而航空器降落国又拒绝接受他时，如此人不是该国的国民或在该国无永久住所，该国可以将该人送返到他的本国去，或到此人有永久住所的国家去，或到此人开始空中旅行的国家去。

二、无论是离开航空器、移交、或第十三条第二款规定的拘留或其他措施，以及当事人的遣返，就缔约国关于人员入境或许可入境的法律而言，均不应视为是允许进入该缔约国的领土。本公约的规定应不影响缔约国关于驱逐人的法律。

第十五条

一、在不影响第十四条的条件下，按照第八条第一款的规定离开航空器，或按照第九条第一款的规定被移交，或在犯了第十一条第一款所指的行为后离开航空器的任何人，在他意欲继续其旅行时，得尽速前往其选择的目的地，除非航空器降落国法律为了刑事追诉或引渡而需要他留在境内。

二、在不影响缔约国关于入境、许可入境、引渡或驱逐人的法律的条件下，缔约国对于按照第八条第一款的规定在其领土内离开航空器的人，或按照第九条第一款的规定所移交的人，或离开航空器而被怀疑为曾犯了第十一条第一款所指的行为的人，在对他的保护和安全方面，应予以不低于在类似情况下给予其本国国民的待遇。

第六章　其他规定

第十六条

一、在一缔约国登记的航空器内的犯罪，在引渡问题上，应被认为不仅是发生在发生地点，而且也是发生在航空器登记国领土上。

二、在不影响前款规定的情况下，本公约中的任何规定不应当被解释为规定引渡的义务。

第十七条

在对航空器内的犯罪采取调查或逮捕的措施时，或以其他任何方式行使管辖权时，各缔约国应适当考虑航空器的安全和其他利益，并应避免对航空器、旅客、机组和货物造成不必要的延误。

第十八条

如缔约各国建立航空运输联营组织或国际经营机构，而其所使用的航空器未向任何一国登记时，这些缔约国应根据具体情况，指定其中一国，作为本公约所指的登记国，并将这一指定通知国际民用航空组织，由该组织通知本公约的所有缔约国。

第七章　最后条款

第十九条

本公约在按第二十一条规定生效之日前，对联合国成员国或某一专门机构的成员国的任何国家开放，听任签字。

第二十条

一、本公约应经签字国依照其宪法程序予以批准。

二、批准书应交存国际民用航空组织。

第二十一条

一、本公约在十二个签字国交存批准书并于第十二份批准书交存后的第九十天起即在这些国家之间生效。对以后批准本公约的每一个国家，本公约应在其交存批准书后的第九十天起生效。

二、本公约一经生效，应由国际民用航空组织向联合国秘书长登记。

第二十二条

一、本公约生效后，凡联合国成员国或某一专门机构的成员国都可加入。

二、一国加入时应向国际民用航空组织交存加入书，并于交存加入书后的第九十天起生效。

第二十三条

一、任何缔约国都可通知国际民用航空组织而退出本公约。

二、退出应于国际民用航空组织接到退出通知之日起六个月后生效。

第二十四条

一、如缔约国之间对本公约的解释或引用发生争端而不能以谈判解决时，经其中一方的要求，应交付仲裁。如果在要求仲裁之日起六个月内，当事国对仲裁的组织不能达成协议时，任何一方可按照国际法院的法规提出申请书，将争端提交国际法院。

二、每个国家在签字、批准或加入本公约时，可以声明该国不受前款规定的约束，其他缔约国对任何作出这种保留的缔约国，不受前款规定的约束。

三、按照前款规定作出保留的任何缔约国，可以在任何时候通知国际民用航空组织撤销这一保留。

第二十五条

除第二十四条规定的情况外，对本公约不得作任何保留。

第二十六条

国际民用航空组织应将下列事项通知联合国或某一专门机构的所有成员国：

一、对本公约的任何签字和签字日期；

二、任何批准书或加入书的交存和交存日期；

三、本公约按照第二十一条第一款规定的生效日期；

四、收到退出通知和收到的日期；

五、收到根据第二十四条所作的任何声明或通知和收到的日期。

下列签字的全权代表，经正式授权，在本公约上签字为证。

本公约于 1963 年 9 月 14 日在东京签订，正本一式三份，每份都用英文、法文和西班牙文写成。

本公约应存于国际民用航空组织，并在该组织按照第十九条开放，听任签字，该组织应将经证明无误的公约副本送交联合国或任何专门机构的所有成员国。

附录2 关于制止非法劫持航空器的公约

（1970 年 12 月 16 日 海牙）

存交批准书、加入书日期：1980 年 9 月 10 日 生效日期：1980 年 10 月 10 日

备注：中华人民共和国政府不受海牙公约第十二条第一款的约束，而且，我国政府在加入海牙公约的文书中含有下述声明："中国政府声明，台湾当局以中国名义对上述公约的签字和批准是非法无效的。"

前 言

本公约各缔约国：

考虑到非法劫持或控制飞行中的航空器的行为危及人身和财产的安全，严重影响航班的经营，并损害世界人民对民用航空安全的信任；

考虑到发生这些行为是令人严重关切的事情；

考虑到为了防止这类行为，迫切需要规定适当的措施以惩罚罪犯；

协议如下：

第一条

凡在飞行中的航空器内的任何人：

（甲）用暴力或用暴力威胁，或用任何其他恐吓方式，非法劫持或控制该航空器，或企图从事任何这种行为；或

（乙）是从事或企图从事任何这种行为的人的同犯，即是犯有罪行（以下称为"罪行"）。

第二条

各缔约国承允对上述罪行给予严厉惩罚。

第三条

一、在本公约中，航空器从装载完毕、机舱外部各门均已关闭时起，直至打开任一机舱门以便卸载时为止，应被认为是在飞行中。航空器强迫降落时，在主管当局接管对

该航空器及其所载人员和财产的责任前，应被认为仍在飞行中。

二、本公约不适用于供军事、海关或警察用的航空器。

三、本公约仅适用于在其内发生罪行的航空器的起飞地点或实际降落地点是在该航空器登记国领土以外，不论该航空器是从事国际飞行或国内飞行。

四、对于第五条所指的情况，如在其内发生罪行的航空器的起飞地点或实际降落地点是在同一个国家的领土内，而这一国家又是该条所指国家之一，则本公约不适用。

五、尽管有本条第三、第四款的规定，如罪犯或被指称的罪犯在该航空器登记国以外的一国领土内被发现，则不论该航空器的起飞地点或实际降落地点在何处，均应适用第六、七、八条和第十条。

第四条

一、在下列情况下，各缔约国应采取必要措施，对罪行和对被指称的罪犯对旅客或机组所犯的同该罪行有关的任何其他暴力行为，实施管辖权：

（甲）罪行是在该国登记的航空器内发生的；

（乙）在其内发生罪行的航空器在该国降落时被指称的罪犯仍在该航空器内；

（丙）罪行是在租来时不带机组的航空器内发生的，而承租人的主要营业地，或如承租人没有这种营业地，则其永久居所，是在该国。

二、当被指称的罪犯在缔约国领土内，而该国未按第八条的规定将此人引渡给本条第一款所指的任一国家时，该缔约国应同样采取必要措施，对这种罪行实施管辖权。

三、本公约不排斥根据本国法行使任何刑事管辖权。

第五条

如缔约各国成立航空运输联营组织或国际经营机构，而其使用的航空器需进行联合登记或国际登记时，则这些缔约国应通过适当方法在它们之间为每一航空器指定一个国家，该国为本公约的目的，应行使管辖权并具有登记国的性质，并应将此项指定通知国际民用航空组织，由该组织将上述通知转告本公约所有缔约国。

第六条

一、罪犯或被指称的罪犯所在的任一缔约国在判明情况有此需要时，应将该人拘留或采取其他措施以保证该人留在境内。这种拘留和其他措施应符合该国的法律规定，但是只有在为了提出刑事诉讼或引渡程序所必要的期间内，才可继续保持这些措施。

二、该国应立即对事实进行初步调查。

三、对根据本条第一款予以拘留的任何人应向其提供协助，以便其立即与其本国最近的合格代表联系。

四、当一国根据本条规定将某人拘留时，它应将拘留该人和应予拘留的情况立即通知航空器登记国、第四条第一款（丙）项所指国家和被拘留人的国籍所属国，如果认为适当，并通知其他有关国家。按照本条第二款规定进行初步调查的国家，应尽速将调查结果通知上述各国，并说明它是否意欲行使管辖权。

第七条

在其境内发现被指称的罪犯的缔约国，如不将此人引渡，则不论罪行是否在其境内发生，应无例外地将此案件提交其主管当局以便起诉。该当局应按照本国法律以对待任何严重性质的普通罪行案件的同样方式作出决定。

第八条

一、前述罪行应看做是包括在缔约各国间现有引渡条约中的一种可引渡的罪行。缔约各国承允将此种罪行作为一种可引渡的罪行列入它们之间将要缔结的每一项引渡条约中。

二、如一缔约国规定只有在订有引渡条约的条件下才可以引渡，而当该缔约国接到未与其订有引渡条约的另一缔约国的引渡要求时，可以自行决定认为本公约是对该罪行进行引渡的法律根据。引渡应遵照被要求国法律规定的其他条件。

三、缔约各国如没有规定只有在订有引渡条约时才可引渡，则在遵照被要求国法律规定的条件下，承认上述罪行是它们之间可引渡的罪行。

四、为在缔约各国间的引渡的目的，罪行应看作不仅是发生在所发生的地点，而且也是发生在根据第四条第一款要求实施其管辖权的国家领土上。

第九条

一、当第一条（甲）款所指的任何行为已经发生或行将发生时，缔约各国应采取一切适当措施以恢复或维护合法机长对航空器的控制。

二、在前款情况下，航空器或其旅客或机组所在的任何缔约国应对旅客和机组继续其旅行尽速提供方便，并应将航空器和所载货物不迟延地交还给合法的所有人。

第十条

一、缔约各国对第四条所指罪行和其他行为提出的刑事诉讼，应相互给予最大程度的协助。在任何情况下，都应适用被要求国的法律。

二、本条第一款的规定，不应影响因任何其他双边或多边条约在刑事问题上全部地或部分地规定或将规定的相互协助而承担的义务。

第十一条

各缔约国应遵照其本国法尽快地向国际民用航空组织理事会就下列各项报告它所掌握的任何有关情况：

（甲）犯罪的情况；

（乙）根据第九条采取的行动；

（丙）对罪犯或被指称的罪犯所采取的措施，特别是任何引渡程序或其他法律程序的结果。

第十二条

一、如两个或几个缔约国之间对本公约的解释或应用发生争端而不能以谈判解决时，经其中一方的要求，应交付仲裁。如果在要求仲裁之日起六个月内，当事国对仲裁的组成不能达成协议，任何一方可按照国际法院规约，要求将争端提交国际法院。

二、每个国家在签字、批准或加入本公约时，可以声明该国不受前款规定的约束。其他缔约国对于任何作出这种保留的缔约国，也不受前款规定的约束。

三、按照前款规定作出保留的任何缔约国，可以在任何时候通知保存国政府撤销这一保留。

第十三条

一、本公约于 1970 年 12 月 16 日在海牙开放，听任 1970 年 12 月 1 日到 16 日在海牙举行的国际航空法会议（以下称为海牙会议）的参加国签字。1970 年 12 月 31 日后，本公约将在莫斯科、伦敦和华盛顿向所有国家开放签字。在本公约根据本条第三款开始生效前未在本公约上签字的任何国家，可在任何时候加入本公约。

二、本公约须经签字国批准。批准书和加入书应交存苏维埃社会主义共和国联盟、大不列颠及北爱尔兰联合王国以及美利坚合众国政府，这些政府被指定为保存国政府。

三、本公约应于参加海牙会议的在本公约上签字的十个国家交存批准书后三十天生效。

四、对其他国家，本公约应于本条第三款规定生效之日，或在它们交存批准书或加入书后三十天生效，以两者中较晚的一个日期为准。

五、保存国政府应迅速将每一签字日期、每一批准书或加入书交存日期、本公约开始生效日期以及其他通知事项通知所有签字国和加入国。

六、本公约一经生效，应由保存国政府根据联合国宪章第一百零二条和国际民用航空公约（1944 年芝加哥）第八十三条进行登记。

第十四条

一、任何缔约国可以书面通知保存国政府退出本公约。

二、退出应于保存国政府接到通知之日起六个月后生效。

下列签字的全权代表，经各自政府正式授权在本公约上签字，以资证明。

1970 年 12 月 16 日订于海牙，正本一式三份，每份都用英文、法文、俄文和西班牙文四种有效文本写成。

附录3 制止危害民用航空安全的非法行为的公约

（1971 年 9 月 23 日　蒙特利尔）

存交批准书、加入书日期：1980 年 9 月 10 日　生效日期：1980 年 10 月 10 日

备注：中华人民共和国政府不受蒙特利尔公约第十四条第一款的约束，而且，我国政府在加入蒙特利尔公约的文书中含有下述声明："中国政府声明，台湾当局以中国名义对上述公约的签字和批准是非法无效的。"

本公约各缔约国：

考虑到危害民用航空安全的非法行为危及人身和财产的安全，严重影响航班的经营，并损害世界人民对民用航空安全的信任；

考虑到发生这些行为是令人严重关切的事情；

考虑到为了防止这类行为，迫切需要规定适当的措施以惩罚罪犯；

协议如下：

第一条

一、任何人如果非法地和故意地从事下述行为，即是犯有罪行：

（甲）对飞行中的航空器内的人从事暴力行为，如该行为将会危及该航空器的安全；或

（乙）破坏使用中的航空器或对该航空器造成损坏，使其不能飞行或将会危及其飞行安全；或

（丙）用任何方法在使用中的航空器内放置或使别人放置一种将会破坏该航空器或对其造成损坏使其不能飞行或对其造成损坏而将会危及其飞行安全的装置和物质；或

（丁）破坏或损坏航行设备或妨碍其工作，如任何此种行为将会危及飞行中航空器的安全；或

（戊）传送他明知是虚假的情报，从而危及飞行中的航空器的安全。

二、任何人如果他从事下述行为，也是犯有罪行：

（甲）企图犯本条第一款所指的任何罪行；或

（乙）是犯有或企图犯任何此种罪行的人的同犯。

第二条

在本公约中：

（甲）航空器从装载完毕、机舱外部各门均已关闭时起，直至打开任一机舱门以便卸载时为止，应被认为是在飞行中；航空器强迫降落时，在当局接管对该航空器及其所载人员和财产的责任前，应被认为仍在飞行中。

（乙）从地面人员或机组为某一特定飞行而对航空器进行飞行前的准备时起，直到降落后 24 小时止，该航空器应被认为是在使用中；在任何情况下，使用的期间应包括本条甲款所规定的航空器是在飞行中的整个时间。

第三条

各缔约国承允对第一条所指的罪行给予严厉惩罚。

第四条

一、本公约不适用于供军事、海关或警察用的航空器。

二、在第一条第一款（甲）、（乙）、（丙）和（戊）各项所指情况下，不论航空器是从事国际飞行或国内飞行，本公约均应适用，只要：

（甲）航空器的实际或预定起飞或降落地点是在该航空器登记国领土以外；或

（乙）罪行是在该航空器登记国以外的一国领土内发生的。

三、尽管有本条第二款的规定，在第一条第一款（甲）、（乙）、（丙）和（戊）项所指情况下，如罪犯或被指称的罪犯是在该航空器登记国以外的一国领土内被发现，则本公约也应适用。

四、关于第九条所指的各国，在第一条第一款（甲）、（乙）、（丙）和（戊）项所指的情况下，如本条第二款（甲）项所指地点处于同一国家的领土内，而这一国家又是第九条所指国家之一，则本公约不应适用，除非罪行是在该国以外的一国领土内发生或罪犯或被指称的罪犯是在该国以外的一国领土内被发现。

五、在第一条第一款（丁）项所指的情况下，只有在航行设备是用于国际航行时，本公约才适用。

六、本条第二、三、四和五款的规定，也适用于第一条第二款所指的情况。

第五条

一、在下列情况下，各缔约国应采取必要措施，对罪行实施管辖权：

（甲）罪行是在该国领土内发生的；

（乙）罪行是针对在该国登记的航空器，或在该航空器内发生的；

（丙）在其内发生犯罪行为的航空器在该国降落时被指称的罪犯仍在航空器内；

（丁）罪行是针对租来时不带机组的航空器，或是在该航空器内发生的，而承租人的主要营业地，或如承租人没有这种营业地，则其永久居所，是在该国。

二、当被指称的罪犯在缔约国领土内，而该国未按第八条的规定将此人引渡给本条第一款所指的任一国家时，该缔约国应同样采取必要措施，对第一条第一款（甲）、（乙）和（丙）项所指的罪行，以及对第一条第二款所列与这些款项有关的罪行实施管辖权。

三、本公约不排斥根据本国法行使任何刑事管辖权。

第六条

一、罪犯或被指称的罪犯所在的任一缔约国在判明情况有此需要时，应将该人拘留或采取其他措施以保证该人留在境内。这种拘留和其他措施应符合该国的法律规定，但是只有在为了提出刑事诉讼或引渡程序所必要的期间内，才可继续保持这些措施。

二、该国应立即对事实进行初步调查。

三、对根据本条第一款予以拘留的任何人，应向其提供协助，以便其立即与其本国最近的合格代表联系。

四、当一国根据本条规定将某人拘留时，它应将拘留该人和应予拘留的情况立即通知第五条第一款所指国家和被拘留人的国籍所属国，如果认为适当，并通知其他有关国家。按照本条第二款规定进行初步调查的国家，应尽速将调查结果通知上述各国，并说明它是否意欲行使管辖权。

第七条

在其境内发现被指称的罪犯的缔约国，如不将此人引渡，则不论罪行是否在其境内发生，应无例外地将此案件提交其主管当局以便起诉。该当局应按照本国法律，以对待任何严重性质的普通罪行案件的同样方式作出决定。

第八条

一、前述罪行应看作是包括在缔约各国间现有引渡条约中的一种可引渡的罪行。缔约各国承允将此种罪行作为一种可引渡的罪行列入它们之间将要缔结的每一项引渡条约中。

二、如一缔约国规定只有在订有引渡条约的条件下才可以引渡，而当该缔约国接到未与其订有引渡条约的另一缔约国的引渡要求时，可以自行决定认为本公约是对该罪行进行引渡的法律根据。引渡应遵照被要求国法律规定的其他条件。

三、缔约各国如没有规定只有在订有引渡条约下才可引渡，则在遵照被要求国法律规定的条件下，应承认上述罪行是它们之间可引渡的罪行。

四、为在缔约各国之间引渡的目的，每一罪行应看作不仅是发生在所发生的地点，而且也是发生在根据第五条第一款（乙）、（丙）和（丁）项要求实施其管辖权的国家领土上。

第九条

如缔约各国成立航空运输联营组织或国际经营机构，而其使用的航空器需要进行联合登记或国际登记时，则这些缔约国应通过适当方法在它们之间为每一航空器指定一个国家，该国为本公约的目的，应行使管辖权并具有登记国的性质，并应将此项指定通知国际民用航空组织，由该组织将上述通知转告本公约所有缔约国。

第十条

一、缔约各国应根据国际法和本国法，努力采取一切可能的措施，以防止发生第一条所指的罪行。

二、当由于发生了第一条所指的一种罪行，使飞行延误或中断，航空器、旅客或机组所在的任何缔约国应对旅客和机组继续其旅行尽速提供方便，并应将航空器和所载货物不迟延地交还给合法的所有人。

第十一条

一、缔约各国对上述罪行所提出的刑事诉讼，应相互给予最大程度的协助。在任何情况下，都应适用被要求国的法律。

二、本条第一款的规定，不应影响因任何其他双边或多边条约在刑事问题上全部地或部分地规定或将规定相互协助而承担的义务。

第十二条

任何缔约国如有理由相信将要发生第一条所指的罪行之一时，应遵照其本国法向其认为是第五条第一款所指的国家，提供其所掌握的任何有关情况。

第十三条

一、每一缔约国应遵照其本国法尽快地向国际民用航空组织理事会就下列各项报告它所掌握的任何有关情况：

（甲）犯罪的情况；

（乙）根据第十条第二款采取的行动；

（丙）对罪犯或被指称的罪犯所采取的措施，特别是任何引渡程序或其他法律程序的结果。

第十四条

一、如两个或几个缔约国之间对本公约的解释或应用发生争端而不能以谈判解决时，经其中一方的要求，应交付仲裁。如果在要求仲裁之日起六个月内，当事国对仲裁的组成不能达成协议，任何一方可按照国际法院规约，要求将争端提交国际法院。

二、每个国家在签字、批准或加入本公约时，可以声明该国不受前款规定的约束。其他缔约国对于任何作出这种保留的缔约国，也不受前款规定的约束。

三、按照前款规定作出保留的任何缔约国，可以在任何时候通知保存国政府撤销这一保留。

第十五条

一、本公约于 1971 年 9 月 23 日在蒙特利尔开放，听任 1971 年 9 月 8 日到 23 日在蒙特利尔举行的国际航空法会议（以下称为蒙特利尔会议）的参加国签字。1971 年 10 月 10 日后，本公约将在莫斯科、伦敦和华盛顿向所有国家开放签字。在本公约根据本条第三款开始生效前未在本公约上签字的任何国家，可在任何时候加入本公约。

二、本公约须经签字国批准。批准书和加入书应交存苏维埃社会主义共和国联盟、大不列颠及北爱尔兰联合王国以及美利坚合众国政府，这些政府被指定为保存国政府。

三、本公约应于参加蒙特利尔会议在本公约上签字的十个国家交存批准书后三十天生效。

四、对其他国家，本公约应于本条第三款规定生效之日，或在它们交存批准书或加入书后三十天生效，以两者中较晚的一个日期为准。

五、保存国政府应迅速将每一签字日期、每一批准书或加入书交存日期、本公约开始生效日期以及其他通知事项通知所有签字国和加入国。

六、本公约一经生效，应由保存国政府根据联合国宪章第一百零二条和国际民用航空公约（1944 年芝加哥）第八十三条进行登记。

第十六条

一、任何缔约国可以书面通知保存国政府退出本公约。

二、退出应于保存国政府接到通知之日起六个月后生效。

下列签字的全权代表，经各自政府正式授权在本公约上签字，以资证明。

1971 年 9 月 23 日订于蒙特利尔，正本一式三份，每份都用英文、法文、俄文和西班牙文四种有效文本写成。

附录 4 中华人民共和国民用航空安全保卫条例

（1996 年 7 月 6 日中华人民共和国国务院令第 201 号）

目　录

第一章　总　则

第一条　为了防止对民用航空活动的非法干扰，维护民用航空秩序，保障民用航空安全，制定本条例。

第二条　本条例适用于在中华人民共和国领域内的一切民用航空活动以及与民用航空活动有关的单位和个人。

在中华人民共和国领域外从事民用航空活动的具有中华人民共和国国籍的民用航空器适用本条例；但是，中华人民共和国缔结或者参加的国际条约另有规定的除外。

第三条　民用航空安全保卫工作实行统一管理、分工负责的原则。

民用航空公安机关（以下简称民航公安机关）负责对民用航空安全保卫工作实施统一管理、检查和监督。

第四条　有关地方人民政府与民用航空单位应当密切配合，共同维护民用航空安全。

第五条　旅客、货物托运人和收货人以及其他进入机场的人员，应当遵守民用航空安全管理的法律、法规和规章。

第六条　民用机场经营人和民用航空器经营人应当履行下列职责：

（一）制定本单位民用航空安全保卫方案，并报国务院民用航空主管部门备案；

（二）严格实行有关民用航空安全保卫的措施；

（三）定期进行民用航空安全保卫训练，及时消除危及民用航空安全的隐患。

与中华人民共和国通航的外国民用航空企业，应当向国务院民用航空主管部门报送民用航空安全保卫方案。

第七条　公民有权向民航公安机关举报预谋劫持、破坏民用航空器或者其他危害民用航空安全的行为。

第八条　对维护民用航空安全作出突出贡献的单位或者个人，由有关人民政府或者国务院民用航空主管部门给予奖励。

第二章　民用机场的安全保卫

第九条　民用机场（包括军民合用机场中的民用部分，下同）的新建、改建或者扩建，应当符合国务院民用航空主管部门关于民用机场安全保卫设施建设的规定。

第十条　民用机场开放使用，应当具备下列安全保卫条件：

（一）设有机场控制区并配备专职警卫人员；

（二）设有符合标准的防护围栏和巡逻通道；

（三）设有安全保卫机构并配备相应的人员和装备；

（四）设有安全检查机构并配备与机场运输量相适应的人员和检查设备；

（五）设有专职消防组织并按照机场消防等级配备人员和设备；

（六）订有应急处置方案并配备必要的应急援救设备。

第十一条　机场控制区应当根据安全保卫的需要，划定为候机隔离区、行李分拣装卸区、航空器活动区和维修区、货物存放区等，并分别设置安全防护设施和明显标志。

第十二条　机场控制区应当有严密的安全保卫措施，实行封闭式分区管理。具体管理办法由国务院民用航空主管部门制定。

第十三条　人员与车辆进入机场控制区，必须佩戴机场控制区通行证并接受警卫人员的检查。

机场控制区通行证，由民航公安机关按照国务院民用航空主管部门的有关规定制发和管理。

第十四条　在航空器活动区和维修区内的人员、车辆必须按照规定路线行进，车辆、设备必须在指定位置停放，一切人员、车辆必须避让航空器。

第十五条　停放在机场的民用航空器必须有专人警卫；各有关部门及其工作人员必须严格执行航空器警卫交接制度。

第十六条 机场内禁止下列行为：

（一）攀（钻）越、损毁机场防护围栏及其他安全防护设施；

（二）在机场控制区内狩猎、放牧、晾晒谷物、教练驾驶车辆；

（三）无机场控制区通行证进入机场控制区；

（四）随意穿越航空器跑道、滑行道；

（五）强行登、占航空器；

（六）谎报险情，制造混乱；

（七）扰乱机场秩序的其他行为。

第三章　民用航空营运的安全保卫

第十七条 承运人及其代理人出售客票，必须符合国务院民用航空主管部门的有关规定；对不符合规定的，不得售予客票。

第十八条 承运人办理承运手续时，必须核对乘机人和行李。

第十九条 旅客登机时，承运人必须核对旅客人数。

对已经办理登机手续而未登机的旅客的行李，不得装入或者留在航空器内。

旅客在航空器飞行中途中止旅行时，必须将其行李卸下。

第二十条 承运人对承运的行李、货物，在地面存储和运输期间，必须有专人监管。

第二十一条 配制、装载供应品的单位对装入航空器的供应品，必须保证其安全性。

第二十二条 航空器在飞行中的安全保卫工作由机长统一负责。

航空安全员在机长领导下，承担安全保卫的具体工作。

机长、航空安全员和机组其他成员，应当严格履行职责，保护民用航空器及其所载人员和财产的安全。

第二十三条 机长在执行职务时，可以行使下列权力：

（一）在航空器起飞前，发现有关方面对航空器未采取本条例规定的安全措施的，拒绝起飞；

（二）在航空器飞行中，对扰乱航空器内秩序，干扰机组人员正常工作而不听劝阻的人，采取必要的管束措施；

（三）在航空器飞行中，对劫持、破坏航空器或者其他危及安全的行为，采取必要的措施；

（四）在航空器飞行中遇到特殊情况时，对航空器的处置作最后决定。

第二十四条 禁止下列扰乱民用航空营运秩序和行为：

（一）倒卖购票证件、客票和航空运输企业的有效订座凭证；

（二）冒用他人身份证件购票、登机；

（三）利用客票交运或者捎带非旅客本人的行李物品；

（四）将未经安全检查或者采取其他安全措施的物品装入航空器。

第二十五条 航空器内禁止下列行为：

（一）在禁烟区吸烟；

（二）抢占座位、行李舱（架）；

（三）打架、酗酒、寻衅滋事；

（四）盗窃、故意损坏或者擅自移动救生物品和设备；

（五）危及飞行安全和扰乱航空器内秩序的其他行为。

第四章　安全检查

第二十六条 乘坐民用航空器的旅客和其他人员及其携带的行李物品，必须接受安全检查；但是，国务院规定免检的除外。

拒绝接受安全检查的，不准登机，损失自行承担。

第二十七条 安全检查人员应当查验旅客客票、身份证件和登机牌，使用仪器或者手工对旅客及其行李物品进行安全检查，必要时可以从严检查。

已经安全检查的旅客应当在候机隔离区等待登机。

第二十八条 进入候机隔离区的工作人员（包括机组人员）及其携带的物品，应当接受安全检查。

接送旅客的人员和其他人员不得进入候机隔离区。

第二十九条 外交邮袋免予安全检查。外交信使及其随身携带的其他物品应当接受安全检查；但是，中华人民共和国缔结或者参加的国际条约另有规定的除外。

第三十条 空运的货物必须经过安全检查或者对其采取的其他安全措施。

货物托运人不得伪报品名托运或者在货物中夹带危物品。

第三十一条 航空邮件必须经过安全检查。发现可疑邮件时，安全检查部门应当会同邮政部门开包查验处理。

第三十二条 除国务院另有规定的外，乘坐民用航空器的，禁止随身携带或者交运下列物品：

（一）枪支、弹药、军械、警械；

（二）管制刀具；

（三）易燃、易爆、有毒、腐蚀性、放射性物品；

（四）国家规定的其他禁运物品。

第三十三条　除本条例第三十二条规定的物品外，其他可以用于危害航空安全的物品，旅客不得随身携带，但是可以作为行李交运或者按照国务院民用航空主管部门有关规定由机组人员带到目的地后交还。

对含有易燃物质的生活用品实行限量携带。限量携带的物品及其数量，由国务院民用航空主管部门规定。

第五章　罚　则

第三十四条　违反本条例第十四条的规定或者有本条例第十六条、第二十四条第一项和第二项、第二十五条所列行为的，由民航公安机关依照《中华人民共和国治安管理处罚条例》有关规定予以处罚。

第三十五条　违反本条例的有关规定，由民航公安机关按照下列规定予以处罚：

（一）有本条例第二十四条第四项所列行为的，可以处以警告或者3000元以下的罚款；

（二）有本条例第二十四条第三项所列行为的，可以处以警告、没收非法所得或者5000元以下罚款；

（三）违反本条例第三十条第二款、第三十二条的规定，尚未构成犯罪的，可以处以5000元以下罚款、没收或者扣留非法携带的物品。

第三十六条　违反本条例的规定，有下列情形之一的，民用航空主管部门可以对有关单位处以警告、停业整顿或者5万元以下的罚款；民航公安机关可以对直接责任人员处以警告或者500元以下的罚款：

（一）违反本条例第十五条的规定，造成航空器失控的；

（二）违反本条例第十七条的规定，出售客票的；

（三）违反本条例第十八条的规定，承运人办理承运手续时，不核对乘机人和行李的；

（四）违反本条例第十九条的规定的；

（五）违反本条例第二十条、第二十一条、第三十条第一条、第三十一条的规定，对收运、装入航空器的物品不采取安全措施的。

第三十七条　违反本条例的有关规定，构成犯罪的，依法追究刑事责任。

第三十八条　违反本条例规定的，除依照本章的规定予以处罚外，给单位或者个人造成财产损失的，应当依法承担赔偿责任。

第六章　附　则

第三十九条　本条例下列用语的含义：

"机场控制区"，是指根据安全需要在机场内划定的进出受到限制的区域。

"候机隔离区"，是指根据安全需要在候机楼（室）内划定的供已经安全检查的出港旅客等待登机的区域及登机通道、摆渡车。

"航空器活动区"，是指机场内用于航空器起飞、着陆以及与此有关的地面活动区域，包括跑道、滑行道、联络道、客机坪。

第四十条　本条例自发布之日起施行。

参考文献

[1] 中国民用航空安全管理体系（SMS）建设总体实施方案（民航发〔2007〕136号）

[2] 国际民航组织安全管理手册. 2006

[3] 世界航空安全与事故分析. 北京：中国民航出版社，1995

[4] 大型飞机公共航空运输承运人运行合格审定规则. （CCAR-121-R4）. 中国民用航空局令第195号

[5] 国际民用航空公约附件17——防止对民用航空进行非法干扰行为的安全保卫

[6] 关于在航空器内的犯罪和其他某些行为的公约（Doc8364号文件）. 东京，1963年9月14日

[7] 关于制止非法劫持航空器的公约（Doc8920号文件）. 海牙，1970年12月16日

[8] 制止危害民用航空安全的非法行为的公约（Doc8966号文件）. 蒙特利尔，1971年9月23日

[9] 国际民航组织. 防止对民用航空非法干扰行为的保安手册. 第六版. 2002

[10] 高智华. 打击危害国际民航安全非法行为的国际公约与我国刑法相关规定的完善. 河北法学，
2009年第1期

[11] 震惊世界的劫机事件. 新浪网，1999年12月28日

[12] 国际民用航空公约附件6——航空器的运行. 第十二章客舱乘务员应急职责

[13] 大型飞机公共航空运输承运人运行合格审定规则. 第161款的要求

[14] 中国东方航空公司乘务员手册

[15] 中国国际航空公司乘务员手册

[16] 中国航空运输协会. 中国航空乘务员基础教程

[17] 李宣. 论客舱安全与管理. 安全管理网. 2009年8月31日

[18] 孙瑞山. 民航安全管理概论. 中国民航大学民航安全科学研究所

[19] 海南航空安全管理SMS培训教材

[20] 中国航协飞委会第二届客舱安全研讨会资料

[21] 民航局. 关于规范客舱乘务员、客舱乘务教员、客舱乘务检查员资格管理的咨询通告